Mon p'tit cahier

AUTONOMIE

Christine Klein

Illustrations
Sophie Ruffieux (intérieur)
Isabelle Maroger (couverture)

SOLAR EDITIONS

SOMMAIRE

Introduction

L'autonomie de l'enfant… en voilà une mission parentale importante ! Au cœur de l'éducation, de nombreux parents s'interrogent : quelles compétences l'enfant acquiert-il et à quel âge ? De quoi est-il vraiment capable ? Comment faire pour l'accompagner au mieux ? À la maison ? À l'école ? Au sein de ses relations ? En somme, comment faire pour qu'un jour il ou elle se débrouille (bien !) dans la vie… sans nous !

Avec ce P'tit Cahier, vous y verrez plus clair sur ce concept d'autonomie, comme sur ceux de responsabilité, d'obéissance ou d'indépendance. Vous allez comprendre son intérêt pour la confiance en soi et l'épanouissement de votre enfant… lui qui possède, dès la naissance, de super-pouvoirs pour la conquérir.

À partir d'une observation fine, vous pourrez adapter votre comportement pour qu'il soit plus constructif. Vous créerez ainsi un environnement relationnel favorable tout en limitant de nombreux conflits du quotidien. Découvrez un programme pour faciliter l'autonomie de votre enfant dans ce sens, ainsi que des astuces pour l'encourager et le soutenir.

Pour devenir autonome, l'enfant doit acquérir de très nombreux savoirs, savoir-faire et savoir-être. Scolaires ou non, ils nécessitent de bonnes capacités d'attention et de concentration. Vous serez guidé pour lui proposer les clés qui lui permettront de donner le meilleur de lui-même : limitation des écrans et accueil des émotions, favorisant ainsi ses apprentissages. Vous pourrez aider votre enfant à développer son autonomie à l'école et lui permettre d'apprendre efficacement en classe et à la maison en gérant mieux ses devoirs.

Enfin, c'est au quotidien que l'autonomie est mise à l'épreuve, et ce P'tit Cahier sera pour vous une mine d'informations et de conseils concrets pour la favoriser. Entre aménagement de la maison pour tous les gestes du quotidien et pistes de réflexion sur les grandes questions qui nous préoccupent, comme la gestion des écrans, l'argent de poche ou les conflits dans la fratrie, le programme final en 6 étapes vous accompagnera pas à pas.

Test : je fais le point sur l'autonomie de mon enfant

Où en est votre enfant du point de vue de son « autonomie » ? Que pouvez-vous faire en tant que parent pour le soutenir dans son évolution en fonction des problématiques rencontrées ? Avec ce test, vous trouverez des pistes adaptées à votre enfant et au parent que vous êtes !

Depuis qu'il va à l'école, votre enfant...

- progresse énormément en matière d'autonomie.
- a des difficultés : il rechigne à y aller, oublie sans arrêt ses affaires...
- a des remarques de l'enseignant, car c'est difficile pour lui de suivre le rythme et les règles imposées.

Les matins de semaine, à la maison, c'est plutôt :

- chacun se gère et ça roule !
- si on veut être dans les temps, je dois tout faire à la place de mon enfant !
- c'est compliqué, mon enfant se laisse distraire par tout et n'importe quoi...

Vous vous décririez comme un parent plutôt...

- cool.
- protecteur.
- anxieux.

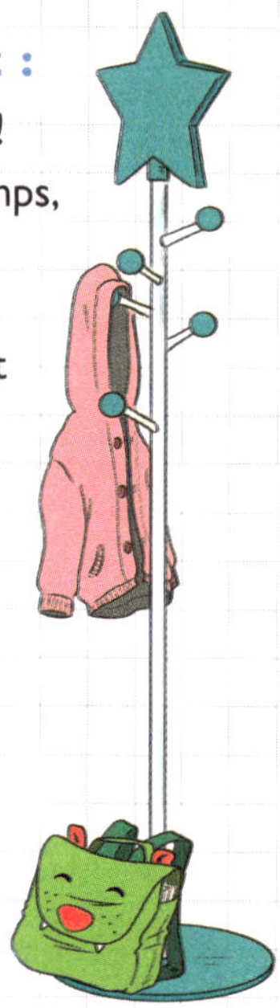

À la maison, les écrans...

- sont absents ou utilisés avec raison et responsabilité.
- sont très cadrés.
- prennent beaucoup de place... et de temps !

La devise de votre enfant pourrait être :

- « Laisse-moi faire, je ne suis pas un bébé ! »
- « On n'est jamais aussi bien servi que par... maman ! »
- « Il n'y a pas assez d'une vie pour tout faire et tout découvrir. »

D'une manière générale, vous estimez que votre enfant...

- est plutôt autonome pour son âge
- a encore trop tendance à se faire assister
- sait faire beaucoup de choses, même si ça part souvent dans tous les sens...

Faites les comptes !

Vous avez une majorité de ☆ : *votre enfant est en mode « la vie est belle » !*

Votre petit a du mal à devenir plus autonome et vous faites encore beaucoup de choses à sa place. D'une certaine façon, la situation semble confortable pour lui. Cependant, ça risque de lui poser des problèmes et de générer des conflits à la maison.

→ En découvrant tout l'intérêt d'accompagner votre enfant dans le développement de son autonomie (voir chapitre 1), vous pouvez l'influencer positivement en l'encourageant (voir p. 33). Vous trouverez aussi des astuces pour faciliter sa coopération au quotidien, et le programme final (voir p. 80) vous aidera à mettre en place de nouvelles actions efficaces !

Vous avez une majorité de ☼ : *votre enfant est en mode « faut que ça bouge » !*

Il court, saute, bouge. Tellement de choses l'intéressent qu'il a du mal à fixer son attention, et cela a un impact sur son autonomie pour les tâches du quotidien, tout en générant des conflits.

→ Pour être autonome, il faut acquérir sans cesse de nouvelles compétences, et pour cela il est indispensable de savoir être attentif et concentré ! Rendez-vous p. 44 pour savoir comment faciliter ses apprentissages et aider votre enfant à développer ces précieuses capacités que sont l'attention et la concentration. Dans le programme de ce chapitre, vous trouverez aussi ce qu'il vous faut pour prendre soin de vous et gérer votre « petite tornade ».

Vous avez une majorité de 🍃 : *votre enfant est en mode « je gère » !*

Votre enfant est très débrouillard et il aime faire les choses par lui-même. C'est très appréciable au quotidien pour toute la famille, même si cela peut occasionner des conflits d'autonomie ou une difficulté à accepter les échecs.

→ Pour renforcer et valoriser son autonomie, rendez-vous pp. 33 à 37 : vous l'encouragerez efficacement et éviterez de banaliser ses progrès. Parfois, il faudra peut-être aussi l'aider à relativiser ses erreurs en lui faisant comprendre qu'elles font partie de tout apprentissage et en accueillant ses émotions grâce à 4 règles d'or (pp. 57 à 59). N'hésitez pas non plus à l'aider à développer son attention et sa concentration (pp. 52 à 55), ce sont des ressources utiles à tout âge pour mieux comprendre son fonctionnement.

Chapitre 1

L'autonomie en question

L'autonomie est un réel sujet de préoccupation chez tous les parents. Tant de domaines sont concernés ! Habileté physique, hygiène corporelle, santé, sécurité, conduite sociale, apprentissages scolaires, intendance de la maisonnée, gestion des émotions… les enfants ont beaucoup de choses à apprendre et quelques années avant de pouvoir se débrouiller seuls.

Mais qu'est-ce que l'autonomie ? Est-elle liée à la responsabilité ? À l'obéissance ? À l'indépendance ? À l'écoute de ses besoins ? À la liberté ? Pas si facile d'y voir clair ! Comprendre ce qu'est l'autonomie nous permet de prendre du recul, d'observer nos enfants et de les accompagner de façon plus constructive. En somme, de mettre en place un vrai travail d'équipe et, peut-être aussi, de mieux comprendre les conflits du quotidien !

Vous serez certainement surpris d'apprendre à quel point les enfants sont compétents dès la naissance pour de nombreux apprentissages.

L'autonomie, quèsaco ?

L'étymologie du mot vient du grec *auto,* « soi-même », et *nomos,* « lois, règles » ; l'autonomie est donc la faculté d'agir par soi-même et selon ses propres lois.

À y regarder de plus près, cette définition littérale ressemble fort aux comportements les plus courants des enfants, non ? Ne dit-on pas souvent d'eux qu'ils n'en font qu'à leur tête ? Guidés par leurs besoins et leurs désirs, ils agissent pour les combler… même si c'est avec leurs moyens et leur propre vision des choses, bien souvent différents des nôtres !

Un long chemin vers la liberté

Dès la naissance, le bébé sait instinctivement pleurer pour demander que l'un de ses besoins (propreté, faim, contact, sommeil) soit comblé. Sans ce comportement instinctif, point de survie.

Plus tard, le petit de 2 ans grogne pour affirmer qu'il n'est pas content qu'on lui refuse quelque chose qui l'intéresse… Plus tard encore, un enfant de 9 ans insistera pour aller seul à l'école le matin.
En grandissant, l'enfant a un réel besoin d'avoir de plus en plus de contrôle sur sa vie, comme une impulsion qui l'incite à agir par lui-même. Il est toujours poussé vers plus d'autonomie, de liberté et d'indépendance. Les parents sont censés passer progressivement du contrôle à une plus grande liberté tout en garantissant sécurité, santé et valeurs familiales à leur enfant.

Avec la quantité de choses que les enfants doivent apprendre, on se doute bien que cela va prendre du temps et demander de l'énergie au quotidien pour qu'ils deviennent responsables et indépendants.

Autonomie et indépendance

3 objectifs clés

Pour la plupart d'entre nous, rendre nos enfants autonomes consiste à réussir 3 choses importantes :

1. qu'ils sachent se débrouiller seuls (pour certaines tâches au moins, en relation avec leur âge) ;
2. qu'ils trouvent des réponses à leurs besoins ;
3. qu'ils prennent des décisions et les assument.

Le tout en sachant tenir compte de leur entourage et de l'environnement dans lequel ils évoluent. Ouf ! Vaste programme !

L'indépendance, c'est… l'absence de dépendance !

Le nourrisson est totalement dépendant des adultes pour sa survie, et pourtant il est déjà irrésistiblement poussé par sa curiosité à découvrir le monde, son corps, et à faire des expériences… (et même plus, voir pp. 14 à 18).
Ainsi, une des missions parentales est d'accompagner progressivement la sortie de la dépendance de l'enfant au fur et à mesure de son évolution et de ses capacités physiques et émotionnelles. Cela va inévitablement générer des conflits de pouvoir ! Nous avons d'un côté le besoin d'indépendance de l'enfant et de l'autre le besoin de contrôle du parent, qui doit assurer la sécurité de l'enfant et la transmission des valeurs qui lui sont chères.

« À la racine de tout conflit de pouvoir se trouve l'aspiration naturelle de l'enfant vers plus d'autonomie et de liberté. »
Jan Faull, *C'est moi qui décide* (JC Lattès).

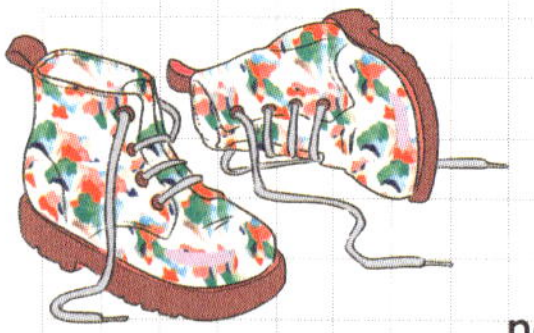

Une mission bien compliquée…

À la base, chaque enfant est différent et évolue à son propre rythme. Certains sont très dégourdis physiquement, d'autres plus à l'aise dans le langage ou le dessin. Tous les enfants ne peuvent pas progresser dans tous les domaines en même temps ! Respecter le temps nécessaire à l'acquisition et à la mise en place de nouvelles compétences est indispensable, nous le verrons tout au long de ce livre.

Du côté des parents, cela nécessite beaucoup d'adaptation (et de stress). Ils réagissent aussi différemment aux manifestations d'indépendance, de reprise de contrôle de leur enfant. L'attitude parentale joue un rôle important dans le développement de l'autonomie de l'enfant (voir p. 69).

Entre obéissance et responsabilité

Las de répéter, nous confondons souvent autonomie, obéissance et responsabilité. Notre enfant préfère jouer plutôt que de se brosser les dents, il agit bien là selon ses propres règles si l'on se réfère à la définition de l'autonomie donnée en début de chapitre, mais c'est à nos règles, celles du bon sens et de la société, que nous voudrions voir nos enfants coopérer. Si le brossage des dents est un geste de toilette indispensable et préventif… le futur (ou une carie) reste quelque chose de très abstrait pour un enfant de 5 ans !

Tous les parents doivent répéter leurs consignes à leurs enfants et se désolent de ne pas les voir obéir dans la foulée d'une demande, ou simplement prendre leurs responsabilités. Cependant, obéir et prendre ses responsabilités sont deux choses bien différentes, tant dans la démarche que dans l'intention, même si le résultat paraît le même.

Vous avez dit responsabilité ?

Dans la responsabilité, nous répondons de nos actes. Cela nécessite d'abord d'en mesurer les conséquences, puis de les assumer, ce qui est parfois difficile pour les enfants qui n'ont pas toujours accès à cette vision à long terme. Cependant, c'est en vivant ces conséquences que les enfants peuvent faire certains apprentissages.

Si, à chaque fois que votre fille de 8 ans oublie ses affaires de piscine, vous courez les lui apporter, comment apprendra-t-elle à y penser par elle-même ? Si, en revanche, elle est privée de son activité tant aimée à cause de son oubli, il y a peu de chances que cela se reproduise de nouveau. Bien sûr, cette vision des choses ne s'applique pas à tout ce qui concerne la sécurité.

Et l'obéissance alors ?

En obéissant, nous nous soumettons à la volonté d'autrui. Comment les enfants peuvent-ils apprendre à penser par eux-mêmes, choisir pour eux-mêmes et assumer, bref être autonomes, s'ils ne peuvent toujours qu'obéir ?

Plutôt que d'entrer dans un rapport de force pour faire obéir notre enfant, nous allons chercher à le guider, à l'influencer positivement (voir p. 34) et à mettre en place un environnement qui facilite de nouveaux apprentissages (voir p. 44).

L'autonomie et les besoins fondamentaux

Acquérir de l'autonomie, c'est donc aussi entrer en apprentissage. Pour apprendre dans de bonnes conditions, il est indispensable que les besoins de base de l'enfant soient comblés. Il sera plus difficile de transmettre un apprentissage à un enfant qui ne se sent pas en sécurité, a faim, soif ou sommeil. Mais pas seulement !

Remplir le réservoir d'amour pour s'épanouir !

Pour reprendre l'image donnée par Isabelle Filliozat, c'est comme si les enfants (et les adultes !) disposaient d'un « réservoir d'amour » qui pourrait se vider dans la journée face aux difficultés du quotidien et se remplir grâce aux contacts, aux câlins et autres échanges de qualité. Lorsque le réservoir d'amour de l'enfant a été vidé durant sa journée, il est peu disposé à apprendre. Le parent fait alors ici office de porte-avions par sa disponibilité, son attention bienveillante, sa tendresse ; il permet à l'enfant de se poser et de remplir son réservoir pour mieux repartir, rechargé, découvrir le monde…

Pourquoi développer l'autonomie de l'enfant ?

S'il est si important d'accompagner l'autonomie de l'enfant, c'est parce qu'elle est fondamentale dans la construction de l'adulte solide et épanoui qu'il peut devenir, capable d'assumer les conséquences de ses choix et de ses actes.

Les 3 bonnes raisons de soutenir l'autonomie de votre enfant

1. **L'estime de soi : elle contribue à nourrir une image positive de lui-même.**
   Lorsqu'il réussit quelque chose tout seul, l'enfant est fier de lui. Il prend goût à l'effort, à la satisfaction de la réussite, et cela nourrit sa motivation.

2. **La confiance en soi : elle renforce sa capacité à oser de nouvelles choses.**
Persévérance et motivation ont payé, il peut prendre de nouveaux risques en continuant à découvrir le monde.

3. **L'épanouissement personnel : il facilite sa capacité à développer ses compétences et à faire des choix plus conscients !**
Lorsqu'il ose entreprendre de nouvelles choses et qu'il parvient, à force de persévérance et de soutien, à réussir, l'enfant gagne le sentiment d'avoir de la valeur, de l'importance. De plus en plus confiant, conscient de son potentiel, il osera, quitte à échouer et à devoir recommencer. En cela, il cultive dès l'enfance une disposition face au monde, laquelle lui sera fort utile quand il devra affronter les défis de l'âge adulte.

Deux grands experts au service de l'autonomie de l'enfant

Il y a un siècle seulement, le bébé n'était pas encore perçu dans sa globalité, on le considérait comme un simple tube digestif, d'où le terme de « nourrisson », la nourriture y entrant et en sortant. Point. Les médecins se demandaient même si le nouveau-né voyait ou entendait. Après la guerre, les enfants sont devenus de plus en plus précieux, il fallait réduire la mortalité infantile, repeupler les pays dévastés. Le regard sur l'enfant a commencé à changer. On s'est alors remis à observer les bébés.

René Spitz (1887-1974), psychiatre et psychanalyste hongrois, comprend en 1946 qu'un bébé n'a pas besoin que de nourriture, mais aussi de nourriture affective. Par exemple, certains enfants dans les orphelinats, pourtant nourris, se laissent mourir par manque de contacts humains chaleureux ; il désigne cela sous le terme d'« hospitalisme ».

Françoise Dolto (1908-1988), célèbre pédiatre et psychanalyste française, permet à l'enfant de devenir une personne, un sujet à part entière et pas seulement un être en devenir comme il était considéré jusqu'alors. À partir de ce postulat, ce que l'enfant exprime mérite d'être entendu. Le langage et le « parler vrai » peuvent émerger. On écoute enfin les enfants !
Sur le terreau fertile de cette époque qui s'intéresse à l'enfant et à son développement, deux acteurs majeurs vont croire en la formidable capacité de l'enfant à apprendre, à se développer et à devenir autonome : Maria Montessori et John Bowlby.

Maria Montessori : « Aide-moi à faire seul ! »

Maria Montessori (1870-1952) devient, à 26 ans, l'une des premières femmes médecins au cœur de l'Italie des années 1900. Elle crée une maison pour enfants de 3 à 6 ans dans un quartier pauvre de Rome. C'est pour elle un véritable laboratoire d'observation et de recherches en pédagogie. C'est de cette expérience, entre autres sources, que naît la fameuse « pédagogie Montessori ».

Un cadre relationnel sécurisant et créatif

Convaincue à la fois de l'importance de l'éducation comme « meilleure arme pour la paix » et des grandes potentialités de l'enfant, elle développe une méthode éducative respectueuse et efficace. Tolérance, respect, dignité de l'être humain sont au cœur de ses préoccupations : elle estime qu'en en faisant l'expérience au quotidien dans l'enseignement, les enfants les apprendront tout naturellement et les entretiendront à l'âge adulte, pour un monde de paix.

Un environnement adapté aux apprentissages

En plus de ce cadre relationnel, Maria Montessori dégagera l'importance de l'environnement matériel dans lequel l'enfant évolue, le rendant plus favorable aux apprentissages. Elle créera pour cela un matériel spécifique et adapté à chaque tranche d'âge.

Les potentiels révélés de l'enfant

Ses observations des enfants de sa *casa dei bambini* lui révèlent également les forces et les potentiels présents en chacun…

- Son grand pouvoir de concentration

Des conditions sont bien sûr nécessaires : l'enfant doit être libre de choisir son activité, de toucher, de manipuler, de répéter, en y passant le temps qu'il veut.

- Son esprit absorbant

L'enfant absorbe une quantité impressionnante d'informations dans ses jeunes années. Il s'en imprègne et se construit à partir de cela, d'où l'importance de l'environnement apporté à l'enfant.

- Ses périodes sensibles

Ce sont des périodes par lesquelles passent tous les enfants. Ils sont alors profondément absorbés par certaines activités, qui viennent en particulier nourrir leur développement du moment. Citons par exemple la période sensible, de l'ordre de 0 à 6 ans, où la constance de l'environnement l'aide à comprendre le monde et son fonctionnement.

Aide-moi à faire seul !

Un des leitmotivs de la pédagogie Montessori est « Aide-moi à faire seul ! », c'est dire si l'autonomie est valorisée ! L'autonomie est ici vue comme un besoin. Le bébé qui naît totalement dépendant est perçu comme un être fait pour gagner en indépendance, qui va être poussé à découvrir son environnement et à élargir son champ d'activité. Un être curieux et compétent par excellence !

Pour Maria Montessori, la notion d'autonomie est double, l'autonomie fonctionnelle et l'autonomie émotionnelle.

L'autonomie fonctionnelle

Elle concerne les gestes du quotidien : la toilette, l'habillage… L'objectif est de ne plus dépendre de l'adulte tout en sachant de mieux en mieux s'adapter à son environnement. Pour cela, Montessori préconise un ordre précis dans lequel transmettre un nouvel apprentissage à l'enfant.

1. Lui montrer.
2. Le laisser faire seul, et donc ne pas intervenir.
3. Accepter que le résultat ne soit pas idéal.

Elle insiste sur l'importance du processus en laissant du temps à l'enfant, autant pour s'entraîner (essais, erreurs) que pour réaliser la tâche en elle-même. Elle dira même que « toute aide inutile est une entrave au développement » !

L'autonomie émotionnelle

C'est une base fondamentale de l'estime de soi. L'enfant se sent à sa place, digne et respecté, il est alors en capacité d'accéder à l'autonomie fonctionnelle et à de nombreux autres apprentissages. Elle dépend donc énormément de l'environnement et des adultes qui l'entourent.

Apprendre c'est aller vers la nouveauté, l'inconnu…

Ce sont donc des risques à prendre. Pour prendre des risques, il est nécessaire d'avoir une certaine sécurité intérieure en lien avec la qualité de l'attachement que l'enfant entretient avec ses parents.

John Bowlby : « S'attacher pour se détacher ! »

Psychanalyste anglais, John Bowlby (1907-1990) sera le premier à utiliser le terme « attachement », dont il tirera sa célèbre théorie.

Le besoin vital d'attachement

Selon lui, le bébé a un besoin vital d'attachement. Il dispose de comportements innés tant pour le renforcer (sourire, babiller, s'agripper) que pour appeler sa figure d'attachement principale en cas de besoin (pleurs, cris). Sa survie en dépend, c'est donc très important !
Cette figure d'attachement est le plus souvent la mère, bien qu'elle puisse être une autre personne qui remplit les critères suivants : une personne investie émotionnellement auprès de l'enfant, qui prend soin de lui, tant émotionnellement que physiquement, avec un temps de présence important et régulier. Le fait de parler de figure d'attachement principale signifie qu'il y en a des secondaires, comme le papa, la nourrice... Notez bien que nous ne parlons pas ici d'amour ou de quantité d'amour, mais bien de lien d'attachement nécessaire à la survie !

L'expérience précoce d'attachement

La précocité de la relation avec cette figure d'attachement, et surtout la qualité des réponses aux besoins de l'enfant, va conditionner sa façon d'intégrer des modes de relation plus ou moins sécurisants.
Lorsque l'attachement est de bonne qualité, l'enfant vient trouver refuge en cas d'inquiétude auprès de cet adulte dont il est proche, et il proteste lorsqu'il doit en être séparé sans l'avoir choisi.

Ce que nous pouvons retenir, c'est qu'il a été constaté que les enfants qui se sentent en sécurité ont une meilleure qualité d'exploration que les enfants inquiets. Ils osent s'aventurer et deviennent donc plus autonomes. N'ayons donc pas peur de trop gâter nos enfants en les cajolant pour répondre à leurs besoins ! Plus la réponse parentale est de qualité dès le berceau, plus l'enfant construit en lui un sentiment de valeur personnelle, donc une bonne estime de soi et une confiance en l'autre, qui le portera toute sa vie en cas de problème. Cela l'aidera à avancer, à persévérer et à prendre des risques.

L'autonomie dès le plus jeune âge ?

Dès la naissance, le bébé peut se montrer compétent dans de nombreux domaines et se diriger de lui-même vers toujours plus d'autonomie. Voici quelques exemples qui, peut-être, vous surprendront. Ils concernent les acquisitions motrices, la communication, l'alimentation et même la vie sans couches !

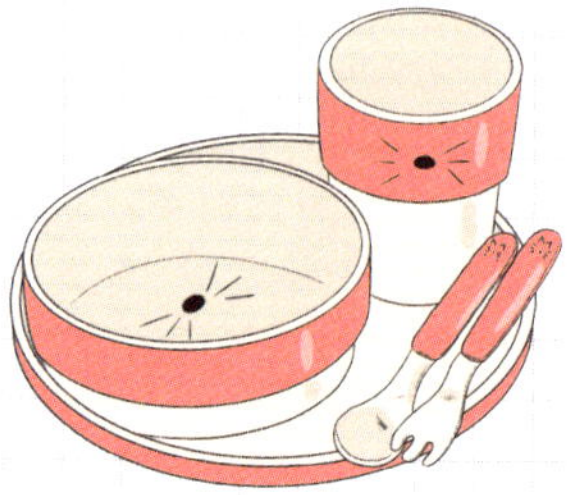

La motricité libre

À la suite des observations du Dr Emmi Pikler (1902-1984), pédiatre hongroise contemporaine de Maria Montessori (années 1960), la motricité libre fut mise en place à la pouponnière Loczy, dont elle était la directrice.

C'est quoi ?

La motricité libre considère que les tout-petits peuvent développer des compétences innées sans aide ou intervention extérieures, en privilégiant l'activité spontanée, à condition cependant de pouvoir le faire sous l'œil bienveillant et sécurisant d'un adulte qui prend soin de lui. Ce dernier aura pour rôle de fournir un cadre sécurisant et adapté, ainsi que d'encourager, de soutenir et d'accompagner l'enfant. Les tout premiers mois, l'attention est mise sur la qualité du lien avec l'adulte afin de construire une bonne sécurité affective. Une fois cette base mise en place, le Dr Pikler observe que les progrès moteurs du tout-petit se font naturellement et dans un ordre bien précis.
Par exemple, sur le dos pour revenir à plat ventre, l'enfant se tourne et roule sur lui-même.

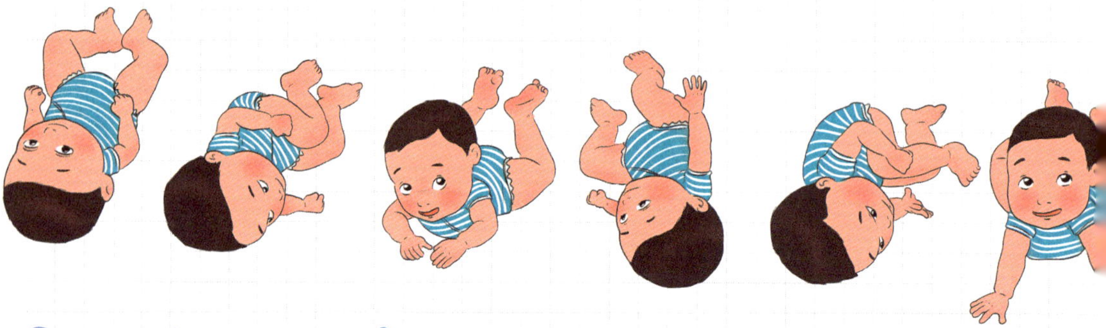

Comment ça se passe ?

Exit les transats, le bébé est posé sur un tapis ferme mais confortable au sol pour être tout à fait libre de ses mouvements. Les interventions des adultes sont limitées au strict minimum, tout en évitant de lui faire faire des choses pour lesquelles il n'est pas encore prêt, comme l'asseoir en le calant avec des coussins s'il ne tient pas seul et ne s'assied pas seul, ou le mettre debout tant qu'il ne s'y est pas essayé de lui-même. Nous croyons souvent que ces attitudes les « préparent » à savoir faire, alors que les enfants y parviennent même en leur absence et avec certainement plus de sécurité intérieure.

Respecter le rythme de l'enfant en restant confiant en ses compétences lui transmet ce sentiment de confiance et une perception de son corps plus affûtée dès les premiers mois de sa vie.

La diversification alimentaire menée par l'enfant

En plus de réaliser instinctivement les étapes nécessaires à son développement moteur, le tout-petit serait également, dès l'âge de 6 mois, en capacité de porter lui-même des morceaux de nourriture à sa bouche, de les mâcher et de les avaler s'il s'en sent capable, ou de les recracher s'ils sont trop gros !

C'est quoi ?

La diversification alimentaire menée par l'enfant (ou DME) consiste à laisser ce dernier développer seul ses compétences pour s'alimenter au moment où il est prêt physiquement et où il montre de l'intérêt pour les aliments solides. Cette découverte se fait avec un adulte qui offre un cadre sécurisant et une nourriture adaptée.

Les enfants ayant réalisé leur diversification alimentaire et ceux mangeant des purées à la cuillère sont ensuite capables de manger les mêmes choses vers 12-18 mois.

D'où vient le concept ?

C'est à Gill Rapley, infirmière anglaise, qu'est le plus souvent attribuée cette méthode récente. Elle est l'auteure du premier livre sur le sujet, non traduit en français à ce jour (*Baby-Led Weaning*, The Experiment LLC). Elle n'en revendique pas la « maternité », car elle estime qu'en tout temps les bébés partageaient les repas des adultes de la famille en se nourrissant des mêmes plats en fonction de leurs capacités. Les bébés n'ont en effet pas toujours mangé des purées finement mixées…

Comment ça se passe ?

Tout comme pour la motricité libre, l'enfant gère à son rythme, sous l'œil bienveillant de son parent qui aura, bien sûr, posé un cadre sécurisant. La diversification menée par l'enfant se pratique dans un cadre bien précis et nécessite des conditions particulières… et des parents pas trop stressés par les réflexes de haut-le-cœur de leur petit ! Pour mettre en place la DME, la première condition est que l'enfant soit prêt : ce n'est que vers l'âge de 6 mois ou lorsqu'il se tient assis seul que sa capacité de mastication et sa préhension (la façon dont il attrape les objets) sont suffisamment développées pour qu'il

puisse se lancer. Plus il attrape finement les objets (dont la nourriture), plus sa capacité à mastiquer sa nourriture se renforce. Et donc, plus il grandit et plus il peut attraper avec sa main des petits morceaux, mastiquer ces petits morceaux et les avaler sans risque. Oui, il est plus difficile de mastiquer un petit pois que de laisser fondre ou d'écraser avec ses gencives un morceau de poire bien mûre. Si le morceau est trop gros ou trop dur pour être avalé, l'enfant aura un réflexe vomitif pour l'extraire. La nature est bien faite !

Les consignes pour une sécurité au top

Cette méthode comporte des risques, c'est pourquoi il existe des consignes de sécurité à respecter.

- L'enfant doit être assis droit et pouvoir bouger ses bras et ses mains pour atteindre la nourriture.
- Les aliments proposés doivent être adaptés à différents points de vue : l'enfant doit pouvoir les attraper (rappelez-vous, s'il peut attraper un morceau, il peut le mastiquer), ils ne doivent pas être trop durs ni de la forme de la trachée de l'enfant, et pas trop friables. Exemples adaptés : carotte cuite, fruits mûrs ou mous, quartiers d'avocat…
- L'adulte ne doit jamais porter un aliment à la bouche de l'enfant. Celui-ci doit faire cette démarche seul : il doit pouvoir l'attraper de lui-même et le porter à ses lèvres, pour faire une première exploration de l'aliment.
- Le parent doit vérifier la bouche de l'enfant à la fin du repas afin d'être sûr qu'aucun morceau ne reste coincé, qui pourrait l'étouffer lorsqu'il se retrouvera en position allongée.

Communiquer par signes

« Les pleurs des bébés sont leur seule façon de communiquer » : tous les parents ont déjà entendu cette phrase ! Mais est-ce si sûr ? Figurez-vous que les bébés peuvent communiquer et nous dire qu'ils ont faim, soif, envie d'une pomme, d'un gâteau ou même d'un câlin… Par signes !

C'est quoi ?

Vers l'âge de 8 mois, le bébé maîtrise de mieux en mieux ses bras et ses mains alors qu'il n'aura vraiment accès à ses premiers mots que vers 18 à 24 mois. Pendant la période des 8 à 24 mois de leur petit, les parents devinent ses besoins la plupart du temps. Avec la communication par signes, ils n'ont plus à deviner, mais peuvent échanger avec leur enfant. Le tout-petit devient alors plus acteur de sa vie et moins dépendant de l'intuition de l'adulte.

D'où vient le concept ?

Cette méthode importée des États-Unis est utilisée depuis une vingtaine d'années. Elle est au départ issue en partie de la langue des signes américaine (LSA) et d'autres signes simplifiés ou inventés. Elle part de l'observation (encore et toujours !) que le geste est une chose tout à fait naturelle pour le bébé, et que c'est avec son corps qu'il cherche à communiquer. Tous les bébés font « coucou », « chut », « au revoir », « bravo ». La question s'est alors posée de leur fournir d'autres signes pour enrichir leur vocabulaire et faciliter la communication de leurs besoins.

Deux psychologues américaines ont étudié pendant vingt ans les bienfaits de la communication par signes avec les bébés. Linda Acredolo et Susan Goodwin ont démontré que la frustration à se faire comprendre était réduite chez ces enfants ainsi que chez leurs parents, tout en renforçant la qualité de leur lien. Par ailleurs, les bébés signeurs entraient plus tôt dans le langage oral, et, lorsqu'ils le faisaient, c'était avec un vocabulaire plus important, plus précis et avec des phrases plus longues. Le tout en étant plus confiants. Cela fait rêver !

Comment ça se passe ?

Il vous « suffit » de signer devant votre enfant tout en prononçant le mot et/ou en menant l'action concernée de façon systématique ou presque.
À chaque fois que votre enfant va manger, faites-lui le signe. Un jour viendra où il vous surprendra en vous annonçant par signe qu'il veut manger !

> **Pour signer avec votre bébé**
> Vous trouverez tous les signes nécessaires dans le livre *Signe avec moi*, de Nathanaëlle Bouhier-Charles et Monica Companys, aux éditions Monica Companys.

L'hygiène naturelle infantile

S'il peut communiquer, le bébé peut alors peut-être nous indiquer lorsqu'il doit faire ses besoins, et ainsi se passer de couches !

C'est quoi ?

Cette idée peut paraître une hérésie… et pourtant ! Quelques jours ou quelques semaines après l'arrivée de leur bébé, les parents sont capables de reconnaître quand il a sommeil, faim ou besoin de contact. L'enfant envoie des signaux (mouvements, gazouillis, pleurs particuliers) qui sont identifiés par ses parents.

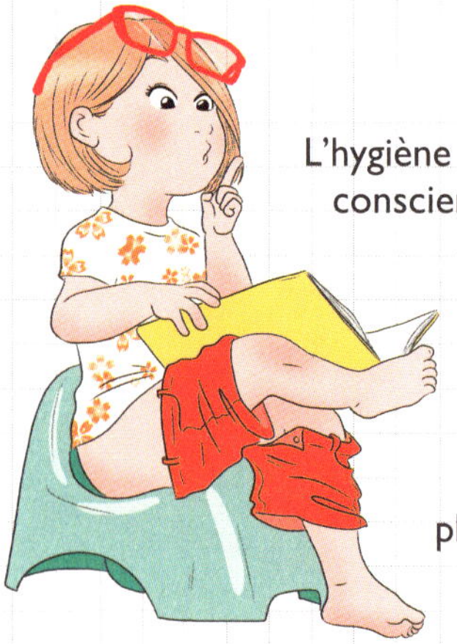

L'hygiène naturelle infantile (HNI) part du postulat que les bébés sont conscients de leurs besoins d'élimination dès la naissance et qu'ils émettent alors des signes particuliers et reconnaissables. Si l'entourage proche est réceptif à ces signaux, l'enfant peut alors se passer totalement ou partiellement de couches. Il est souvent recommandé de commencer avant les 6 mois du petit pour que ce dernier ne perde pas la conscience de ses besoins d'élimination, mais qu'au contraire il les affine de plus en plus. Commencer plus tard n'est pas impossible, mais plus difficile, et nécessitera une période d'observation de l'enfant plus longue.

Comment ça se passe ?

Il s'agit essentiellement d'observation et de communication. Cela nécessite donc une grande présence parentale et une attention soutenue, et ne peut bien sûr pas se réaliser dans toutes les familles.

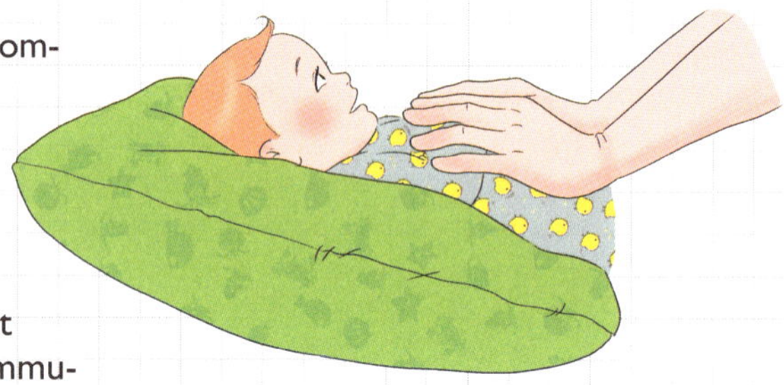

- D'abord, observez les signaux émis par votre bébé. Ces signaux, qui lui sont propres, constituent sa manière de communiquer. Par exemple, les yeux qui brillent, un pleur particulier, des gaz, les yeux dans le vague d'un coup…
- Ensuite, observez le rythme et les habitudes de votre bébé. En l'observant, vous vous rendrez vite compte qu'il fait plutôt ses besoins juste après son lait ou bien plus tard, qu'il est indispensable pour lui d'uriner juste après sa sieste…
- La communication sera essentielle. On peut tout à fait se servir de la langue des signes avec son bébé en signant pipi ou caca au moment approprié et/ou lorsqu'on veut lui proposer le pot.

Un bébé est déjà compétent en matière d'autonomie !

Il ne s'agit pas ici de vous inciter à mettre en place toutes ces méthodes, mais de vous faire prendre conscience à quel point, en matière d'autonomie, le bébé est déjà très compétent pour se développer et communiquer. Lorsque la qualité de son environnement et de ses relations est bonne et lorsqu'il reçoit une présence aimante répondant à ses besoins pour le sécuriser, l'enfant part naturellement dans sa découverte du monde. Et c'est là que nous, parents, jouons un rôle fondamental !

Pour en savoir plus
Pour plus d'informations sur toutes ces méthodes, rendez-vous dans le carnet d'adresses, p. 93.

Chapitre 2

Le rôle des parents

En matière d'autonomie, vous l'aurez compris, au moins deux aspects indispensables sont apportés par les parents : observer ce dont sont capables leurs enfants et leur offrir l'environnement adéquat à leur développement.

Facile à dire, mais pas si simple à faire ! Nous ne nous rendons pas toujours compte des capacités de nos enfants : parfois, nous les assistons trop ; d'autres fois, nous attendons trop d'eux. Le comportement des enfants nous rappelle, en général, assez vite à l'ordre. Lorsqu'ils résistent à une nouvelle acquisition pour laquelle ils ne sont pas prêts ou pas encore assez compétents, ils s'opposent (par exemple, ils rechignent à ranger leur chambre…). À l'opposé, ils peuvent insister sans relâche jour après jour pour acquérir un nouveau droit (jouer sur l'ordinateur) ou pour s'impliquer dans une nouvelle tâche.

Par ailleurs, notre tempérament entre en compte aussi. Pour les personnes anxieuses, il n'est pas toujours simple de laisser les enfants prendre certains risques, comme grimper aux arbres. Lorsque nous sommes stressés et pressés, nous voudrions que tout aille vite, ne laissant pas toujours le temps à l'enfant de faire son apprentissage. Faisons le point tout au long de ce chapitre pour affûter nos connaissances et notre capacité d'observation, et faire le bilan de nos propres comportements vis-à-vis de l'autonomie de nos enfants.

De quoi mon enfant est-il capable ?

Nous nous éviterions bien des conflits, des frustrations et des déceptions si nous avions des attentes réalistes concernant nos enfants ! Avoir une idée nette de ce dont est capable un enfant facilite les relations.

Les compétences de l'enfant en fonction de son développement

Rappelez-vous, chaque enfant grandit à son rythme. De nombreux développements se font d'eux-mêmes car l'enfant est programmé pour les développer (comme la marche), d'autres se font par mimétisme (comme la politesse) et d'autres enfin nécessitent des consignes de sécurité ou un cadre particulier (l'usage d'un couteau, les jeux vidéo…).
Ces tranches d'âge ne vous sont données qu'à titre indicatif et ne sont en aucune façon des normes absolues.
Impliquer votre enfant dans les tâches du quotidien selon son âge est important. Ce n'est pas à 14 ans qu'il s'y mettra s'il n'a jamais eu à s'investir auparavant. Gardez en tête que vous ne demandez pas à votre enfant de vous aider, mais de participer à la vie à la maison à la hauteur de ses possibilités tout en apprenant à se débrouiller dans la vie quotidienne.

Âge par âge

Tranches d'âge	Besoin	Compétences
0-6 ans		
0-18 mois	**Besoin de proximité**	
18 mois - 6 ans	**Besoin d'exploration**	À partir de cet âge, ils ont très envie de nous aider ; ne nous en privons pas !
3 ans	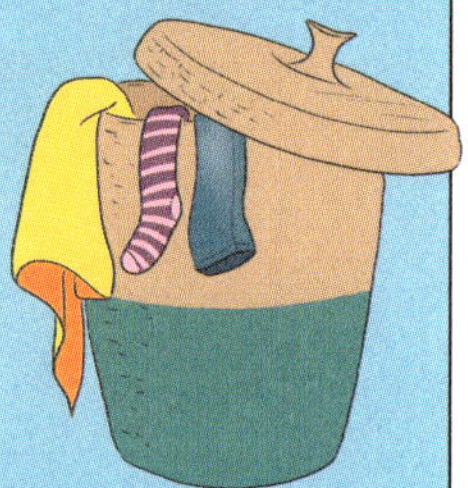	Il peut faire la poussière, mettre le couvert. Il met ses vêtements au sale. Il passe un coup d'éponge sur la table du repas. Il s'habille seul (avec des vêtements simples à enfiler). Il met son assiette et ses couverts dans l'évier ou dans le lave-vaisselle. Il peut rester quelques instants seul dans son bain, sous votre oreille vigilante.
4-5 ans		Il peut se servir seul à boire avec une bouteille pas trop lourde. Il peut s'habiller seul. Il commence une activité périscolaire, artistique ou sportive. Mettre et débarrasser la table. 
6 ans		Il prépare son petit déjeuner et son goûter pour l'école. Il range sa chambre (sauf si elle est très très en désordre). Il range son linge dans son placard (s'il a été précédemment plié).

Tranches d'âge	Besoin	Compétences
6 ans		Il s'implique auprès de l'animal domestique (donner des croquettes au chat, de l'eau au chien ou nourrir les poissons).  Il reçoit de l'argent de poche chaque semaine. Il fait sa toilette seul sous la douche.
6-12 ans	**Besoin d'aller à la rencontre du monde**	
7 ans		L'enfant devient plus responsable et autonome. Il discerne le bien du mal. Il peut détacher ses vêtements, trier son linge, étendre une lessive. Aller visiter des musées l'intéresse davantage et il est bien plus endurant physiquement.
8 ans		Il peut faire couler son bain seul.
10 ans		Il peut rester un moment seul à la maison. Il peut se rendre à l'école seul.

J'apprends à observer mon enfant

Rendre son enfant autonome sur un point particulier nécessite de faire le point et d'élaborer une stratégie constructive. Pour cela, il va falloir l'observer et se poser les bonnes questions…

Dans quels domaines est-ce que je souhaite voir mon enfant développer son autonomie ?

- ❏ Hygiène corporelle
- ❏ Comportement social
- ❏ Gestion émotionnelle
- ❏ Rangement
- ❏ Sommeil
- ❏ Participation à la maison
- ❏ Travail scolaire

- ❑ Gestion des conflits
- ❑ Autre (précisez !) : ....

Quel est précisément le comportement que j'attends ?

Soyez le plus descriptif possible. Par exemple : « Lorsque nous terminons notre repas, je souhaite que ma fille participe pour débarrasser la table. »

Quand...

Je souhaite que...

Quand...

Je souhaite que...

Quel est le comportement de mon enfant à ce jour ?

De même que dans le deuxième point, pas de jugement ! Ce n'est pas constructif, cela enferme dans une vision chargée d'émotions plutôt que d'orienter notre attention sur les faits bruts. Pour cela, l'idéal est de décrire la situation ! Alors, plutôt que de penser « Mon enfant se fiche que je lui serve un bon plat et il ne pense qu'à jouer », préférez écrire : « Lisa se lève de table après sa dernière bouchée et file jouer dans le salon. »

À ce jour, mon enfant...

....

Quel est mon comportement face au sien ?

Qu'est-ce que je ressens ? Quel est mon discours intérieur ? Mes actes, mes paroles ?

....

....

....

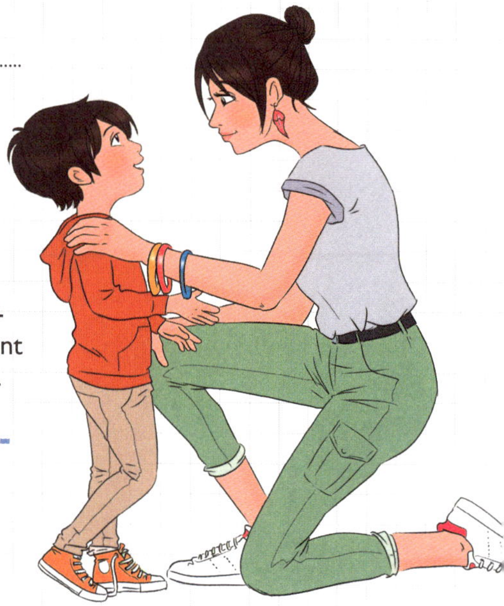

Si vous êtes dans une période de stress intense, ou si ce comportement en particulier vous hérisse tellement que vous ne pouvez plus y faire face sans vous emporter, peut-être vous faut-il passer le relais (quand c'est possible) ou prendre du temps pour souffler un peu. Il est rare que les situations s'améliorent quand les conflits pèsent lourdement sur la relation.

Le comportement que j'attends est-il réaliste ?

- ❑ Oui
- ❑ Non
- ❑ Je ne sais pas

Prenez le soin de le vérifier en discutant avec d'autres parents dans le cas où le comportement de votre enfant est typique des enfants de son âge. Jetez un œil à la grille de compétences (p. 20-21) pour voir si votre enfant est capable de faire ce que vous lui demandez.

Si oui, quelles compétences précises mon enfant doit-il acquérir ?

Votre enfant ne part sûrement pas de zéro ! Il a des acquis, mais il lui manque bien souvent des compétences et/ou une motivation pour améliorer son comportement ou le changer.

- **S'il s'agit d'une compétence,** nous allons encore une fois chercher la précision par la description. Par exemple : mon enfant doit apprendre à gérer sa frustration car il ne peut pas aller jouer immédiatement après le repas, mais il doit aussi comprendre qu'à la maison chacun participe à la hauteur de ses possibilités, et je dois m'assurer qu'il sait comment faire : vider ses restes dans la poubelle, vider son verre d'eau dans l'évier, ranger la vaisselle dans le lave-vaisselle…

À vous ! Listez 3 compétences majeures que votre enfant devrait acquérir selon vous !

Mon enfant doit……………………………………………………………………………………………

………

………

Mon enfant doit……………………………………………………………………………………………

………

………

Mon enfant doit……………………………………………………………………………………………

………

………

- **S'il s'agit d'une motivation,** cela va demander plus de réflexion (rendez-vous p. 31).
  Ce n'est qu'après avoir effectué cet état des lieux que nous pourrons réfléchir à la façon de nous y prendre pour l'aider à acquérir ces nouvelles compétences sans rapport de force au sein d'un travail d'équipe.

Peut-être avez-vous déjà eu certaines prises de conscience en répondant à ce questionnaire ?

Si ce n'est pas de son âge ou si vous n'êtes pas assez disposé, inutile d'insister. Dans tous les cas, rendez-vous au chapitre « Comment encourager mon enfant en 3 étapes » (p. 33 à 35) pour aider concrètement votre enfant à développer son autonomie.

Face à l'enfant : quels sont nos comportements d'adultes ?

L'attitude des adultes face à l'autonomie des enfants est très importante. Que se passe-t-il quand l'enfant prend des risques ? Comment est-ce que j'agis quand mon enfant veut faire quelque chose sans mon aide ? Sans s'en rendre compte, l'adulte peut induire que le monde est dangereux ou, à l'opposé, que l'enfant est digne de confiance pour développer ses compétences, avec toute une palette de nuances entre les deux. Et puis, ce n'est pas facile tous les jours de voir nos enfants se passer de nous…

Les attitudes qui entravent ou facilitent son autonomie

Vous avez pu constater à quel point les enfants, dès leur plus jeune âge, peuvent être compétents et faire d'immenses progrès sans intervention ou presque de l'adulte. Notre présence aimante et un environnement de qualité offrent le cadre propice au développement inné de l'enfant.

Il est cependant si difficile de résister, parfois… Les chaussures qui ne sont pas enfilées assez vite, et hop, on le fait à sa place. L'enfant escalade le toboggan à l'envers au parc et nous voilà effrayés à l'idée qu'il tombe et se blesse ! Nous aimons tellement que les choses soient bien faites que nous avons beaucoup de difficultés à laisser l'enfant faire de manière imparfaite.

Maintenant que vous avez appris à observer votre enfant, il est temps de faire votre propre état des lieux pour devenir un facilitateur d'autonomie.

Quel genre de parent êtes-vous ?

Test : j'observe mon fonctionnement concernant l'autonomie de mon enfant

Entourez les affirmations avec lesquelles vous êtes d'accord, puis reportez-vous dans le tableau ci-après pour voir quel est votre profil selon que la majorité de vos réponses se situe en A, B, C ou D.

1. Dans ma vie, c'est tout le temps la course.
2. Je passe du temps avec mes enfants.
3. Je suis de nature anxieuse.
4. J'aime les choses bien faites.
5. Tous les matins, c'est la bataille avec les enfants.

6. J'aime que mes enfants soient propres et bien habillés en toutes circonstances.
7. Je n'aime pas confier mes enfants à d'autres.
8. Cela ne me gêne pas quand je vois mon enfant escalader au parc.
9. Je perds vite patience en général.
10. Je n'ai pas le temps de prendre soin de moi.
11. Je ne peux pas m'empêcher de passer derrière mes enfants quand je leur demande quelque chose.
12. J'ai mes propres activités pour gérer mon stress.
13. Je délègue difficilement.
14. Je conseille à mes enfants de faire de leur mieux, pas forcément d'être les premiers.
15. J'attends de mes enfants qu'ils soient dans les 3 premiers de leur classe.
16. J'ai une horloge dans la tête, les journées devraient faire plus de 24 heures.
17. Depuis que je suis parent, je suis tout le temps dans l'inquiétude.
18. Je suis convaincu qu'on peut réussir ce que l'on entreprend si on s'en donne les moyens.
19. Je dis souvent à mes enfants : « Attention, tu vas te faire mal (tomber, te brûler…) ! »
20. Je suis une maman ou un papa poule.

Faites les comptes !

1	2	3	4	5	6	7	8	9	10	11	12	13	14	15	16	17	18	19	20
A	D	B	C	A	C	B	D	A	A	C	D	C	D	C	A	B	D	B	B

Résultats	Vous avez une majorité de A	Vous avez une majorité de B	Vous avez une majorité de C	Vous avez une majorité de D
Votre profil	Vous êtes pressé par le temps, impatient.	Vous êtes anxieux, craintif.	Vous êtes perfectionniste.	Vous êtes confiant.
Votre tendance	Vous vivez du stress, un agenda quotidien presque minuté, c'est la course ! La lenteur de votre enfant vous frustre, vous avez tendance à faire les choses à sa place pour gagner du temps.	Vous avez tendance à beaucoup protéger vos enfants. Cela vous fait dépenser beaucoup d'énergie en vigilance.	Votre perfectionnisme engendre un haut niveau d'exigence qui peut être décourageant ! Le petit a besoin d'essais et d'erreurs avant d'y arriver, et c'est normal.	D'une nature plutôt confiante, vous laissez du pouvoir à votre enfant sur sa vie. Cela n'empêche pas les conflits du quotidien, qui peuvent être épuisants.

Résultats	Vous avez une majorité de A	Vous avez une majorité de B	Vous avez une majorité de C	Vous avez une majorité de D
Les pistes pour vous aider	Faites en sorte de faciliter l'environnement de votre enfant pour qu'il se débrouille seul : étagère à sa hauteur, pictogrammes qui récapitulent les choses à faire et dans quel ordre… Prenez soin de vous et autorisez-vous à souffler de temps en temps !	Prenez le temps de lister vos peurs pour en discuter avec votre conjoint ou un ami. N'hésitez pas à proposer un cadre aux explorations de votre enfant pour trouver des compromis.	Développez votre capacité à complimenter votre enfant. 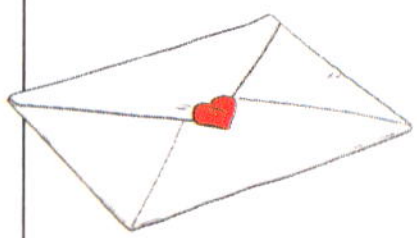 	Dans notre quotidien, même si nous faisons confiance à l'enfant, nous ne pouvons pas toujours le laisser faire. N'hésitez pas à développer votre écoute pour renforcer encore la qualité de votre relation.

Les petits conflits de pouvoir au quotidien…

Parfois, nous voulons que nos enfants deviennent autonomes sur certains points pour lesquels ils ne sont pas encore prêts ou pas intéressés et nous leur « refusons » une part d'autonomie en faisant les choses à leur place, ce qui les rend fous de rage. En somme, la plupart des conflits du quotidien sont des conflits de pouvoir ! L'enfant se met en rage car il veut sa part de contrôle sur sa vie !

En cause, la peur (de l'échec, de l'accident…)

Nos intentions de départ sont très bonnes la plupart du temps. Nous voulons éviter à notre enfant échecs, désillusions, blessures émotionnelles ou physiques… Parfois aussi, nous sommes tout simplement trop stressés, pressés, et nous anticipons l'éventuel surcoût de travail qu'engendre plus d'autonomie de la part de notre enfant (comme la première fois où il fait un gâteau seul dans la cuisine…).
À force de vouloir le protéger des désillusions, nous le privons aussi de tout le processus d'échec, d'erreur, de persévérance et du bonheur que procure la réussite, surtout après avoir tâtonné…

Détecter les conflits liés à l'autonomie

Vous voulez savoir si la colère de votre enfant et le conflit qui en résulte prennent leur source dans son besoin d'autonomie ? Voici trois questions que vous pouvez vous poser…

1. Est-ce qu'il est capable de le faire seul ?
2. Est-ce que son insistance pour le faire dure dans le temps ?
3. Est-ce qu'il est temps que je révise cette règle maintenant qu'il a grandi ?

Si vous répondez oui à l'une de ces questions, vous aurez du mal à raisonner votre enfant. Il y a de fortes chances pour que le conflit enfle. Face à cela, on a heureusement plusieurs options…

3 options en cas de conflit

Les conflits jalonnent la vie familiale, et c'est tout à fait normal ! Nous ne pouvons être systématiquement accordés sur nos envies et nos besoins. Lorsqu'un conflit se présente, plusieurs options s'offrent à nous.

Option 1 : ne rien lâcher

C'est clair pour vous, vous ne céderez pas ! Si, face au comportement de votre enfant, vous souhaitez rester ferme, il est indispensable qu'à ce moment-là vous ne soyez pas aux prises avec de fortes émotions. Prenez donc le temps de faire le point pour être totalement aligné avec votre point de vue. Généralement, il existe 2 domaines dans lesquels il est nécessaire de ne rien lâcher : la sécurité et les valeurs.

→ Attendez-vous tout de même à ce que votre enfant résiste, c'est pourquoi bien qu'inébranlable vous prendrez le temps d'écouter et d'accueillir ce qu'il ressent. Vous lui répéterez calmement la règle avec un message clair : « Nous traversons la route ensemble », « Dans cette maison, les repas se partagent avec tous les membres de la famille »…

→ Lorsque vous venez de lui opposer un « non », essayez si possible de lui redonner du pouvoir en disant oui sur d'autres choses.

Option 2 : ouvrir les négociations, trouver des compromis

Lorsque nous sentons que l'envie de l'enfant ne cède pas avec le temps et que nous le jugeons finalement capable d'essayer, nous devons trouver avec lui un cadre dans lequel cela nous semblera possible. Cela peut être en lui proposant des choix qui lui redonneront un peu de pouvoir sur sa vie, comme choisir entre deux manteaux. Nous cédons alors un peu de contrôle à l'enfant tout en l'accompagnant sur la voie de la compétence. Nous pouvons aussi, par nos questions, l'aider à anticiper, à se préparer, à s'organiser.

→ Par exemple, votre enfant de 8 ans doit apporter un objet rouge à l'école et il a décidé de prendre votre joli poivrier en céramique… Vous pouvez lui demander comment il compte s'y prendre pour éviter qu'il ne se casse et comment il va éviter que ses camarades aient envie de le toucher, au risque de l'abîmer… Cela l'aidera à se rendre compte des risques éventuels et de parer au maximum de choses (bien que cela reste risqué pour votre poivrier).

Option 3 : lâcher prise

Il ne s'agit pas là d'abandonner ou de perdre son pouvoir de parent. Cela peut être au contraire une occasion de prendre nos responsabilités d'adultes, notamment sur la qualité de la relation. Gardons à l'esprit que nous avons de forts atouts pour influencer nos enfants au quotidien, et que pour cela il est important de préserver une relation de qualité avec eux.
En effet, si en campant sur nos positions, les rapports de force envahissent le quotidien (ce qui signifie qu'aucun des deux ne cède), le parent perd de plus en plus sa légitimité et sa capacité d'influencer son enfant, et l'ambiance s'alourdit.

→ On peut choisir, pour une fois, de lâcher pour souffler un peu et alléger l'humeur familiale.

→ Par ailleurs, certains combats sont perdus d'avance ! Nous ne pouvons pas forcer l'enfant dans certains domaines où il est et demeurera le seul maître à bord ! C'est le cas pour le sommeil, la nourriture, la propreté (maîtrise des sphincters), le tempérament ou les pensées de l'enfant. Évitons donc de perdre trop d'énergie.

→ Bien sûr, il n'est pas question de céder à tout. L'enfant n'apprendrait alors pas à se responsabiliser et ne se sentirait pas forcément compris. Il s'agit simplement d'orienter l'enfant vers davantage d'autodiscipline et de responsabilité.

Les disputes dans la fratrie

Les conflits entre frères et sœurs sont très fréquents, et il n'est pas toujours simple de savoir comment se positionner, d'autant que nous ne sommes pas toujours là pour voir ce qui s'est exactement passé entre eux et ce qui a déclenché le conflit… Nous rêvons de les voir complices et se soutenir mutuellement dans la vie et il nous est difficile de les regarder se disputer comme des chiffonniers. Alors, comment faire ?

Le cahier des plaintes

Proposez à vos enfants d'avoir un cahier dans lequel ils peuvent écrire (ou dessiner s'ils ne savent pas encore écrire) ce qu'ils ressentent à l'égard de leur frère ou de leur sœur. L'objectif est de stopper les comportements ou les mots violents. L'enfant commence ainsi à décharger son ressenti négatif afin d'y voir plus clair et de pouvoir s'exprimer de façon plus constructive.
En option : si à l'instant *t* votre enfant est si furieux qu'il ne parvient pas à écrire sur son cahier des plaintes, faites-le pour lui ! Et si la liste des récriminations est trop longue, aidez-le à choisir les deux choses les plus importantes à ses yeux pour en parler à son frère ou à sa sœur.

Les conflits, un problème ? Non, un fait !

Les conflits en famille sont inévitables. Malgré tout l'amour que l'on se porte, on ne peut pas tous avoir les mêmes besoins en même temps. Si les adultes sont (censés être !) plus à même de gérer les conflits, ceux-ci tournent vite au vinaigre chez les enfants… L'idéal est de leur apprendre à exprimer leur colère sans être blessants pour autant.

La fratrie, c'est l'école des relations

Avec nos parents, les frères et les sœurs sont nos premiers contacts avec les relations sociales. Aussi, plus les interventions parentales seront constructives, plus les enfants apprendront à gérer de façon autonome les conflits à la maison, mais aussi à l'extérieur ! N'oubliez pas également que vous êtes un modèle pour eux, et que la façon dont vous gérez vous-même les conflits est très importante !

Halte aux comparaisons !

Un des poisons des relations fraternelles, c'est d'être comparé. Que ce soit positivement ou négativement, cela devient quasiment à coup sûr une source de problèmes. Éviter les comparaisons permet à chaque enfant de rester unique, avec ses propres compétences et ses propres besoins.

« Ne vous comparez jamais aux autres, cela vous rendrait prétentieux ou amer. »
Jalousies et rivalités entre frères et sœurs, Faber et Mazlish (Stock, 2003).

Les conflits d'autonomie entre enfants

La frustration de votre petit dernier est grande, car son frère aîné a le droit d'aller tout seul à la boulangerie et pas lui. De votre côté, les choses sont claires ; l'autonomie dépend autant de l'âge des enfants que de leur développement propre. Les enfants, eux, peuvent voir cela comme une profonde injustice. Vous pourrez adoucir ce sentiment en prenant le temps d'accueillir la frustration des plus jeunes grâce à l'écoute active (voir p. 57).

Les fratries sont aussi un moteur de l'autonomie des plus jeunes, qui adorent imiter leurs aînés et qui, souvent, acquièrent de nouvelles compétences plus tôt ! N'hésitez pas à valoriser vos aînés qui, finalement, participent au développement de leurs cadets !

Canaliser les comportements

Même s'il nous est difficile d'entendre nos enfants se disputer, la première étape consiste pour nous à accepter le ressentiment qu'ils ont l'un pour l'autre. Ce n'est qu'après avoir pu l'exprimer que les enfants peuvent recréer le lien fraternel. À cette fin, nous pouvons les aider à exprimer leur colère avec des mots grâce à l'écoute active (voir p. 57), en reformulant ce qu'ils pourraient ressentir ou en disant à voix haute ce qu'ils souhaiteraient. L'objectif est d'accepter les émotions tout en modérant les comportements jugés inacceptables.

Exemple : Paul (4 ans) et Lily (7 ans) se disputent. Lily en a assez que Paul vienne dans sa chambre sans y être invité ! Elle lui hurle dessus : « Va-t'en ou je te mets un coup de poing dans le ventre ! » Dans la foulée, elle vient se plaindre à vous : « Maman, Paul rentre tout le temps dans ma chambre sans que je lui aie demandé de venir ! »
Accueillez-la en reformulant : « Tu en as assez qu'il rentre dans ta chambre sans y être invité, tu aimes être tranquille pour te préparer le matin, du coup cela te met en colère… Comment pourrais-tu lui faire comprendre cela sans le brutaliser ? »
N'hésitez pas à lui faire des propositions susceptibles de l'aider à trouver une solution : « Tu pourrais mettre un panneau "sens interdit" sur ta porte ou lui dire, avant d'aller dans ta chambre, que tu veux être tranquille. » Aidez également Paul en lui proposant des activités qu'il pourrait faire seul pour s'occuper.

Les laisser gérer seuls

La plupart du temps, il est inutile d'intervenir dans les conflits entre enfants. D'ailleurs, nous constatons souvent que, même après une grosse dispute, ils sont rapidement capables de rire ensemble… alors que nous avons encore une boule au ventre après avoir entendu toutes les horreurs qu'ils se sont échangées ! Tant qu'ils ne se blessent pas physiquement, faisons-nous l'économie d'intervenir.

Si l'un d'entre eux vient se plaindre à vous, vous avez deux options…

- **Option 1 : vous montrer confiant.** Vous pouvez simplement leur dire : « Je suis sûre que vous êtes capables de gérer ça ensemble. »
- **Option 2 : questionner votre enfant.** « Qu'attends-tu de moi ? » Souvent, les enfants ont juste besoin de vous signaler ce qui se passe entre eux. Dans ce cas, vous voilà bien soulagé de ne pas avoir à intervenir ! Si l'un d'entre eux vous demande d'intervenir, aidez-le à se sentir assez fort pour dire lui-même « Je veux qu'on arrête de se battre ! » de façon que l'autre l'entende. Entraînez-le à dire STOP de façon claire et affirmée, les pieds bien ancrés au sol, la cage thoracique dégagée. Faites-le répéter, comme un artiste, jusqu'à ce que sa voix soit ferme et convaincante.

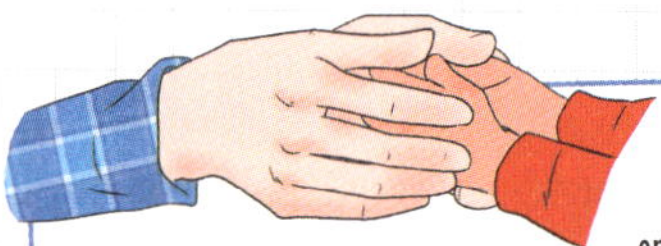

Comment laisser les enfants résoudre leurs conflits en 5 étapes

Pour que les enfants apprennent à gérer eux-mêmes leurs conflits, gardez ces 5 étapes en tête…

1. Reconnaissez les reproches que chaque enfant fait à l'autre. Par exemple, Lily a envie d'être seule dans sa chambre, alors que Paul s'ennuie tout seul et voudrait bien être avec sa sœur.
2. Écoutez respectueusement la version de chaque enfant, en les cadrant pour que chacun puisse s'exprimer sans être interrompu.
3. Reconnaissez qu'ils sont face à un problème.
4. Exprimez votre confiance quant à leur capacité à trouver des solutions qui leur conviennent.
5. Quitter la pièce !

Les première et deuxième étapes sont très importantes, car elles permettent aux enfants de percevoir la situation du point de vue de l'autre.

Quand l'adulte doit intervenir…

Cependant, à certains moments, nous sommes contraints d'intervenir, notamment lorsque la violence physique entre en scène. Dans ce cas, il est souvent plus efficace de porter votre attention sur l'enfant « blessé » en ignorant momentanément l'auteur du geste. Vous reviendrez vers lui lorsque vous aurez pris soin de celui qui souffre physiquement et que les esprits se seront calmés. Vous pourrez ainsi réfléchir avec l'enfant à d'autres solutions pour lui que la violence physique.

Punitions et récompenses

Quel genre de motivation cherchons-nous ?

Pour changer les comportements des enfants, les faire progresser, s'autonomiser, nous usons aussi parfois de récompenses et de punitions dans l'espoir de faire évoluer les choses. Sauf qu'en parallèle nous voudrions que nos enfants soient d'eux-mêmes responsables et qu'ils comprennent nos arguments. Que cela vienne d'eux, en somme… C'est ce qu'on appelle la « motivation intrinsèque ». Dans ce cas, il est plus facile d'agir et de persévérer, car on est totalement en accord avec ce que l'on fait, on en comprend le sens et cela correspond à nos valeurs.

Est-ce efficace ?

Par nos punitions et nos récompenses, nous avons plutôt tendance à compter sur la motivation extrinsèque pour parvenir à nos fins. Le problème, c'est que l'enfant va agir pour recevoir une récompense ou pour éviter des conséquences désagréables, et cela risque d'engendrer de nombreux conflits de pouvoir.

Comment en sortir ?

Avant d'en arriver aux récompenses (« Si tu ne te relèves pas ce soir de ton lit, tu auras un bonbon au chocolat demain matin ») ou aux punitions (« Si tu te relèves de ton lit, tu seras privé de dessin animé demain »), avons-nous tout essayé ? Vous trouverez de nombreuses autres pistes, comme les choix, la tendresse ou les petits mots pour favoriser la coopération de votre enfant (pp. 33 à 37).

« Aider en n'aidant pas » : faire confiance et responsabiliser

De nombreuses raisons nous poussent à faire les choses à la place de nos enfants. Ce faisant, nous ne nous rendons pas toujours compte des effets à long terme de cette attitude lorsqu'elle est trop fréquente. Elle envoie malheureusement un puissant message à l'enfant, « Tu n'es pas capable de le faire seul ! », alors que ce n'est absolument pas notre intention de départ !

Une bonne intention au départ

Vu notre emploi du temps chargé, il nous paraît tellement plus rapide et efficace d'habiller nos enfants le matin lorsque nous sommes en retard ! Cela nous facilite la vie !
Et puis, lorsque nous donnons un conseil à notre enfant, nous pensons lui faire profiter de notre riche et longue expérience… or c'est oublier qu'il est différent de nous et qu'il n'a pas les mêmes ressources que nous pour gérer à notre manière.
Enfin, il faut reconnaître que, parfois, c'est bon de sentir ce petit être qui a besoin de nous et, de fait, douloureux de nous sentir de moins en moins indispensables avec le temps, d'autant qu'il existe, chevillée au corps de nombreuses mamans, cette croyance : les bonnes mères font des choses pour leurs enfants (ou, pire, une bonne mère ferait n'importe quoi pour son enfant).

Privilégier l'expérimentation

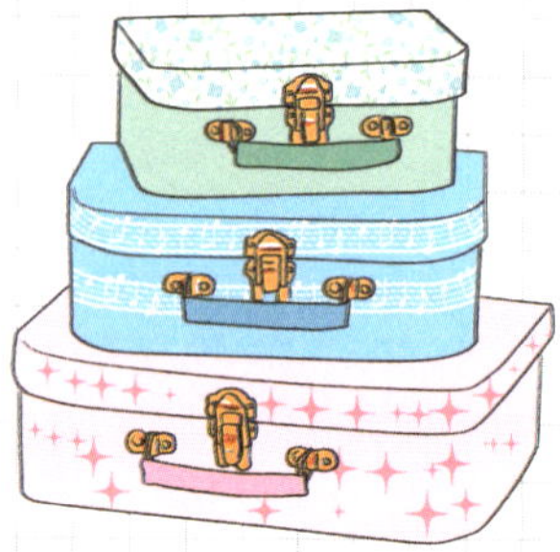

Bien sûr, il ne s'agit pas d'abandonner l'enfant avec un « débrouille-toi » assassin ! Nous allons plutôt, comme le suggère Emmanuelle Piquet, auteure du livre *Te laisse pas faire !* (Payot), « nous mettre à côté de lui et non entre lui et le monde ». Nous l'invitons ainsi à puiser dans ses propres ressources et à les mettre en œuvre. Alors qu'avons-nous tous, parents et enfants, à gagner en laissant l'enfant faire ses expériences plutôt que faire les choses à sa place ?

Avantage pour l'enfant : il gagne en estime de lui-même

En faisant par lui-même, il reprend du pouvoir sur sa vie. Les enfants ont un furieux besoin d'exercer leurs compétences au quotidien. Sous l'œil confiant des adultes, ils continuent à chaque nouvelle acquisition le développement de leur valeur personnelle. Et quand ils ont réussi quelque chose de difficile, ils font l'expérience du courage et de la persévérance plutôt que de s'enfermer dans la peur de l'échec ou de la nouveauté.

Avantage pour le parent : vous économisez votre énergie

Certes, il peut tout à fait arriver que, pour être à l'heure au travail, vous choisissiez de faire les choses à sa place pour aller plus vite. Malheureusement, nous avons tendance à faire un nombre infini de petits gestes à la place de nos enfants. Alors, une seule question doit se poser : « Est-ce qu'il sait faire ? »

→ C'est oui ? Alors, dans la mesure du possible, c'est à lui de le faire.

→ Eh non ! Je peux alors me demander : « De quoi a besoin mon enfant pour être plus autonome dans cette tâche ? » (pp. 37 à 43, vous trouverez de nombreuses astuces pour faciliter le quotidien).

Avantage pour la relation : des conflits en moins !

Alors que gagner en autonomie permet de gagner en indépendance, faire à la place de l'enfant le maintient dans la dépendance. Contraint à cette dépendance, il peut ressentir colère, baisse d'estime de lui-même, impuissance, frustration ! Sur un cerveau immature, cela produit en général le cocktail idéal pour un débordement émotionnel, et donc, un conflit.

→ La solution ? Le laisser faire par lui-même dès que possible sera un très bon moyen de prévention des conflits ! N'hésitez pas à soutenir votre enfant, à lui montrer votre confiance et votre amour. Pour autant, soyez aussi prêt à le responsabiliser en le laissant assumer les conséquences de ses actes, même si cela peut paraître dur parfois.

3 règles d'or pour encourager mon enfant

Être autonome au quotidien se manifeste de mille et une façons. Que ce soit pour encourager votre enfant à se brosser les dents ou pour l'aider à mieux gérer ses devoirs, vous avez la possibilité de créer un environnement favorisant en 3 étapes. Cela ne suffit pas toujours, mais c'est un excellent début !

Règle n° 1 : on remplit son réservoir d'amour

Il est important que l'enfant sente que notre amour ne dépend pas de ses réussites scolaires, de sa coupe de cheveux ou de sa capacité à ranger sa chambre sans qu'on le lui demande ! L'amour se nourrit au quotidien par de multiples attentions. Cette certitude d'être aimé quoi qu'il arrive est une ressource puissante pour l'enfant.

→ Prenons le temps, simplement, de dire et de montrer notre amour. Dire ou écrire « je t'aime », regarder avec amour et tendresse, prendre du temps pour jouer, discuter, être à l'écoute de ses émotions (voir p. 57).
Tout en aimant leurs enfants, les parents ont aussi pour rôle d'accompagner leur croissance en sachant souligner leurs progrès et valoriser leurs réussites.

Règle n° 2 : on le complimente, mais pas n'importe comment !

Face aux nouveaux apprentissages des tout-petits, nous nous extasions facilement à coup de « Waouh ! » et de « Bravo ». Plus l'enfant grandit, plus nous oublions de le féliciter tant ses progrès nous paraissent normaux. Pour soutenir les comportements que nous voulons favoriser, nous allons complimenter l'enfant, mais pas n'importe comment !

Halte aux superlatifs, qui rendent le plus souvent nos enfants méfiants. Évitez les « il est trop beau ton dessin » alors que vous l'avez à peine regardé puisque c'est le dixième de la journée !
Pour que les enfants accueillent pleinement nos compliments, nous allons simplement décrire ce qu'il a fait. Ainsi, il comprendra encore mieux ce que nous attendons de lui. Par exemple, « Ce matin, nous sommes à l'heure pour partir à l'école et dans une bonne ambiance, je suis très content ! », « Tu as débarrassé ton petit déjeuner sans que je te le demande, j'apprécie beaucoup » ou « Tu as arrêté la console de jeux de toi-même alors que ce n'est pas facile quand on est pris dans un jeu, bravo ! on va pouvoir passer à table tous ensemble, ça me ravit ! »

Règle n° 3 : on facilite la coopération

Une fois leur réservoir d'amour plein, une fois ragaillardis par les compliments, les enfants coopèrent déjà plus facilement. Il existe d'autres solutions efficaces et respectueuses qui vous aideront à varier les moyens d'influence que vous pouvez avoir sur vos petits, en fonction de leur âge.

Offrir des choix

- **Vers 18-24 mois,** l'enfant commence sérieusement à vouloir faire par lui-même. La fameuse période du « non » commence. Ce « non » signifie « c'est moi qui fais ! » ou « je le ferai quand je le voudrai ». Ce moment marque aussi, bien souvent, les premiers conflits entre les parents et le petit.

Il est urgent de laisser une marge de liberté à l'enfant. Le choix est un excellent moyen pour lui de s'exercer, surtout s'il est adapté à son âge. Cela lui procure le sentiment d'avoir du pouvoir sur sa vie et a un impact positif sur son estime de lui-même. Il s'exerce ainsi à la prise de décision, ce qui est difficile (même pour certains adultes !).
Au début, il pourra choisir entre deux paires de chaussures, deux jouets à emmener chez mamie, deux parfums de glace… C'est encore un peu difficile, car l'enfant de cet âge voudrait tout ! Il commence tout juste son entraînement, donc ne soyez pas surpris s'il regrette ses choix parfois, car choisir c'est aussi renoncer !

- **Plus grand (après 3 ans),** l'enfant pourra progressivement choisir de plus en plus pour lui-même.

À 4 ans, il peut choisir ses vêtements pour aller à l'école. À 6 ans, il peut choisir son activité extrascolaire, comment aménager sa chambre et même quand faire ses devoirs (avant ou après le goûter).
Lorsqu'on laisse des choix aux enfants plus grands, il faut que ce soient de vrais choix. Cela implique deux choses : d'une part que vous acceptiez son choix (par exemple, s'il est libre de faire ce qu'il veut avec son argent de poche,

qu'il puisse s'acheter des bonbons ou une énième peluche à gros yeux), mais aussi que le choix soit à la base intéressant pour lui. Par exemple, si votre enfant saute sur le canapé, vous pouvez lui proposer le choix suivant : « Sur le canapé, on reste au calme ; si tu veux sauter, tu peux le faire dans le jardin ou sur des coussins dans ta chambre. »

Respecter ses efforts

Nous avons oublié à quel point certaines tâches étaient difficiles pour nous avant que nous les maîtrisions parfaitement. Lorsque l'enfant est lent pour réaliser une tâche, nous lui disons facilement : « Dépêche-toi ! »

→ En fait, il a plus souvent besoin de temps et d'être soutenu pour trouver du courage afin de persévérer. Quand nous trouvons que cela ne va pas assez vite, plutôt que de critiquer notre enfant (et de prendre le risque d'un conflit), aidons-le à être efficace : « Tu as déjà mis ta tenue, il ne te reste plus qu'à te brosser les dents et nous pourrons partir. »

Ne pas supprimer l'espoir

Nos enfants sont de grands rêveurs, et nous de terribles rabat-joie parfois ! S'ils veulent construire une navette spatiale ou devenir présidente de la République, laissons-les rêver ! Intéressons-nous à ce qui les motive à ce point ! Comme le disait si joliment Marc Twain : « On ne leur avait pas dit que c'était impossible, alors ils l'ont fait ! »

→ Posons des questions : « Que ferais-tu si tu étais présidente ? », « Comment vas-tu t'y prendre pour construire ta navette ? » À trop les protéger des désillusions, nous risquons de leur enlever l'espoir, la joie de l'effort et, parfois même, l'atteinte de leur rêve !

Cherchez un expert

Parfois, il faut savoir déléguer. Ainsi, le dentiste pourra expliquer la santé bucco-dentaire à votre enfant, le professeur particulier se chargera des maths, et mamie, de lui apprendre à coudre !

→ Chercher du soutien à l'extérieur de la maison présente trois avantages. D'abord, cela contribue à sortir les enfants de leur dépendance à leur parent ; ensuite, cela conforte la confiance en l'autre ; enfin, cela enlève la charge affective qui fait que, parfois, nous ne sommes pas toujours les meilleurs pédagogues pour nos enfants.

Les images et les petits mots

Plutôt que de le dire, nous allons passer à l'écrit : avec des mots si l'enfant est lecteur, avec des dessins ou des pictogrammes s'il ne l'est pas encore.

Pour les plus jeunes, on peut trouver les images qui symbolisent les routines du matin et du soir. Chaque pictogramme est associé à un horaire. L'enfant sait dans quel ordre il doit faire les choses et il se familiarise avec les chiffres, les mots et l'heure !

Pour les plus grands, on peut mettre des petits mots qui font parler les objets, par exemple « Pense à me rincer avant de me ranger » sur la brosse à dents ou « N'oublie pas de me tirer » sur la chasse d'eau. Attention à ne pas abuser de ces petits papiers, ils deviendraient invisibles en trop grand nombre.

Une boîte à outils pour valoriser réussites et qualités

Pour renforcer l'estime de soi et nourrir le terreau de toujours plus d'autonomie, nous pouvons créer des rituels ou utiliser des astuces avec nos enfants. Prenez le temps de voir ensemble ce que vous aimeriez mettre en place…

Tenir un cahier de réussites

Dans un cahier uniquement dédié à cet enfant, notez ce qu'il réussit. Il peut écrire lui-même, vous pouvez le faire seul, ou avec lui, peu importe. Il s'agit ici d'ancrer davantage tout ce qu'il entreprend et réussit, même les choses simples ! Ce cahier peut être relu pour mesurer tous les progrès et se nourrir de tout ce positif. Quelques exemples : « Léo a mis la tête sous l'eau à la piscine aujourd'hui », « Julie a fait un *f* parfait en graphisme », « Pierre a réussi à se calmer très rapidement après avoir été en colère »…

Accumuler des billes dans un pot en verre

Idéal pour résoudre un problème récurrent ! Chaque bille symbolise l'acte souhaité (par exemple, « Janis met son blouson sur le portemanteau en rentrant »). À chaque fois que c'est fait, hop ! une bille dans le pot ! Cela matérialise le progrès, et le côté ludique de l'exercice plaît beaucoup aux enfants.

Fêter les réussites…

… en particulier celles qui ont nécessité des efforts, de la persévérance. On peut, par exemple, organiser avec l'enfant un moment particulier pour marquer le coup ? On réunit la famille (pourquoi pas sur invitation : « Léo fête sa première baignade où il a mis la tête sous l'eau, ce soir, à 18 h 30, dans le salon ») et on prépare avec l'enfant des toasts et des tomates cerises pour un apéritif permettant de trinquer et de partager cette réussite. Le partage d'émotions positives marquera la mémoire de l'enfant et le valorisera.

Faire une enquête de qualités

Lorsque le moral de votre enfant est bas, qu'il est découragé, menez l'enquête ! Allez voir grands-parents, frères, sœurs, copains ou voisins et demandez-leur ce qu'ils trouvent de positif chez l'enfant, quelles qualités ils lui accordent. Idéalement, ils notent ces compliments sur un petit papier et l'enfant pioche et lit (ou se fait lire) tous ces mots doux.
Un bon coup de pommade à l'ego pour se rebooster !

Comment faciliter l'autonomie de mon enfant

Vous avez commencé à observer votre enfant (p. 21) et enrichi votre point de vue de parent avec le test « Quel genre de parent êtes-vous ? » (p. 24). Vous êtes ainsi plus au clair avec les compétences que vous souhaitez voir votre enfant acquérir tout en étant plus conscient de votre rôle (en fonction de votre tempérament) pour l'accompagner dans de nouvelles acquisitions.
Pour aller plus loin, voici un programme qui vous aidera à gérer concrètement vos priorités : notez les premières difficultés rencontrées, posez-vous les bonnes questions et faites un premier bilan des progrès de votre enfant en matière d'autonomie… tout en prenant soin de vous !

Plus tard (au chapitre 4), on passe à l'étape supérieure en impliquant et en responsabilisant davantage l'enfant dans l'acquisition de son autonomie. Lors de cette prochaine étape, la coopération est le maître-mot : on clarifie ses objectifs suivant son âge et on l'accompagne en valorisant ses compétences tout en le responsabilisant.

Etape 1 : on fait le point en 2 temps

Du côté de l'enfant

Vous vous rendez compte des aspects sur lesquels vous souhaiteriez voir votre enfant progresser. Prenez conscience de là où il en est aujourd'hui et faites la liste de tout ce qui pose encore problème (selon vous) pour son autonomie. Soyez aussi descriptif que possible, sans jugement.

Par exemple…

- **Paul, 2 ans,** a de la nourriture tout autour de la bouche à la fin de chaque repas et met encore régulièrement les mains dans son assiette plutôt que d'utiliser ses couverts.
- **Louise, 4 ans,** refuse d'enfiler ses chaussures seule et demande systématiquement à un adulte de l'aider.

- **Julie, 6 ans,** perd les fournitures de sa trousse depuis sa rentrée en CP, il y a un mois, soit 6 feutres, 4 crayons de couleur, sa gomme et son stylo vert, qu'elle a prêtés à ses camarades.

À vous !

Du côté du parent

Vous êtes à présent plus conscient de votre type de fonctionnement (voir p. 24), alors allez plus loin en vous interrogeant sur votre état actuel : disponibilité, stress, fatigue…

En ce moment, je me sens

En fonction de votre profil de parent, vous avez pu observer votre tendance et orienter vos actions pour être plus efficace. Vous êtes plus vigilant au temps, vous en laissez davantage à votre enfant, vous acceptez mieux les résultats imparfaits. Peut-être aussi êtes-vous plus cool avec le petit dernier, qui escalade tout ce qu'il trouve sur son chemin.

→ Si vous êtes attentif à tout cela, mais qu'en ce moment votre vie est particulièrement stressante, ou que vous vivez des choses douloureuses, soyez conscient qu'il sera difficile d'accompagner votre enfant avec patience. Vous pouvez alors commencer à prendre soin de vous (voir l'étape 3) et reporter ce travail à un moment plus propice…

→ Si en ce moment tout va à peu près bien, lancez-vous !

Etape 2 : on gère les priorités

On ne peut pas gérer tous les points en même temps, alors choisissez pour commencer le plus important, celui auquel vous allez accorder du temps.

Priorité n° 1 : je souhaite qu'à présent mon enfant

Priorité n° 2 :

....

....

....

Suis-je bien certain que ce comportement est réaliste pour son âge ?

❑ Oui ❑ Non

Par exemple…

- **Je souhaite que Paul, 2 ans, mange proprement à table, avec ses couverts.**

  Est-ce réaliste ? Non ! À 2 ans, il a encore besoin d'explorer la nourriture et a des difficultés à manger proprement, mais il peut quand même être aiguillé sur la voie de la propreté.

- **Je souhaite que Louise, 4 ans, enfile seule ses chaussures.**

  Est-ce réaliste ? Oui si les chaussures sont pratiques. Mais attention, à cet âge, c'est le genre de choses sur lesquelles les enfants se braquent. Ils savent le faire mais, comme beaucoup d'enfants de 4 ans (surtout le matin dans la course avant d'aller à l'école), ils le font quand ils le veulent ! C'est leur part de reprise de contrôle sur leur vie.

- **Je souhaite que Julie, 6 ans, vérifie sa trousse tous les jours et demande la restitution des fournitures qu'elle prête aux autres.**

  Est-ce réaliste ? Oui… mais avec du temps. À la rentrée du CP, les enfants apprennent leur nouveau rôle d'élèves de primaire. Julie a sûrement besoin d'un peu de temps pour intégrer ce nouveau fonctionnement.

Etape 3 : on met en place un plan d'action

Pour l'enfant

Maintenant que vous avez ciblé ce point, qu'avez-vous envie d'essayer pour rendre votre enfant plus autonome ? Attention à ne pas trop en faire, au risque de devenir contre-productif !

❑ Lui offrir des choix.

❑ Respecter ses efforts.

❑ Chercher un expert (par exemple, tonton Luc, ingénieur, pour aider à réaliser l'exposé sur les ponts). :...

....

❑ Lui faire des petits mots.

❑ Tenir un cahier de ses réussites.

❑ Lui laisser plus de temps pour faire les choses.

- ❑ Lui laisser la liberté de faire les choses quand ce sera le moment pour lui.
- ❑ Passer plus de temps de qualité avec lui.
- ❑ Le complimenter.
- ❑ Le laisser vivre les conséquences de ses actes.
- ❑ Écouter davantage son point de vue pour comprendre ce qui l'empêche de progresser dans ce domaine.
- ❑ Autre : ....

Par exemple...

- **Pour Paul, 2 ans,** qui mange sans ses couverts et se met de la nourriture partout, accrochez un petit mot sur sa fourchette et expliquez-lui que sa cuillère lui parle : « Je m'ennuie quand tu es à table, tu veux bien manger avec moi ? »
- **Louise, 4 ans,** qui ne met pas ses chaussures toute seule, aura le choix de sa paire de chaussures, et pourquoi pas la liberté de sortir sans chaussures (jusqu'au moment où, inévitablement, elle les voudra).
- **Julie, 6 ans,** qui perd ses fournitures solaires, pourra mettre une bille dans le pot chaque soir où elle ramènera sa trousse complète et recevoir des compliments valorisant ses progrès dans son rôle d'élève.

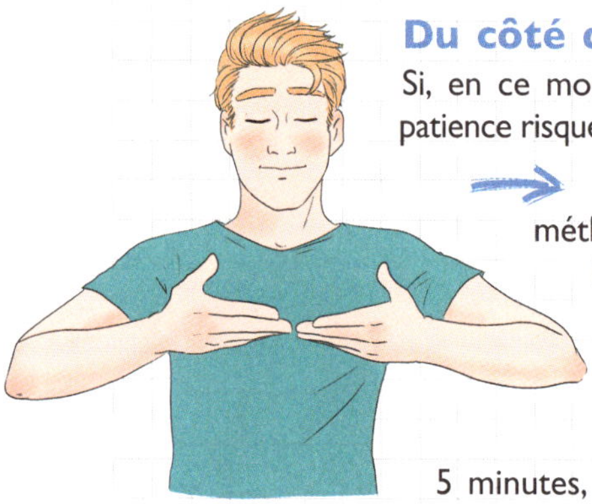

Du côté du parent

Si, en ce moment, vous êtes particulièrement stressé ou fatigué, votre patience risque d'être très limitée. Prenez soin de vous pour vous requinquer.

→ Pourquoi ne pas pratiquer la cohérence cardiaque, une méthode hyper-efficace et très simple à réaliser au quotidien... Il s'agit d'un rythme respiratoire bien particulier de 6 respirations profondes par minute (au lieu des 12 à 20 habituelles), qui permet de réguler notre système nerveux. Cela nous apaise sans nous endormir. Pratiquée régulièrement, c'est-à-dire deux ou trois fois par jour pendant 5 minutes, elle contribue grandement à la gestion du stress et rend moins vulnérables aux « agressions » extérieures.

Comment ça marche ? En position debout ou assis bien droit, respirez profondément au rythme de 6 respirations par minute pendant 5 minutes. Un formidable outil de récupération ! Pour vous guider si vous en avez besoin, il existe de nombreuses applications sur Smartphone, comme Respirelax©.

→ Vous pouvez aussi choisir les moments où vous êtes le plus disponible pour accompagner votre enfant. Après un joli moment partagé (un jeu, un câlin ou un moment de lecture), abordez le sujet calmement en annonçant à votre enfant que

vous aimeriez discuter avec lui de quelque chose qui vous semble important, avoir son avis, bref, en parler ensemble. C'est souvent plus simple de réfléchir et de coopérer à froid, en dehors du moment où le problème se produit.
Il est également important de vous fixer un délai pour faire le point. Rien ne sert de s'obstiner avec quelque chose qui ne fonctionne pas. Si, au bout de 8 à 10 jours, rien n'a changé (ou avant, si les conflits éclatent trop souvent), cela signifie que la stratégie n'est pas la bonne.

Etape 4 : on se questionne

Quelques questions à vous poser après avoir mis en place votre plan d'action…

À quoi mon enfant semble-t-il le plus sensible ?

Pour reprendre l'un des exemples précédents, Julie adore voir le pot de billes se remplir lorsque sa trousse est complète et qu'elle ne perd plus ses stylos !

À vous : ....

....

....

→ Persévérez ! Si cela a si bien fonctionné, le nouveau comportement devrait être largement facilité au bout d'une dizaine de jours. Sans en abuser, vous pourrez utiliser cette technique pour un nouveau challenge.

À quoi réagit-il mal ?

Exemple : Louise n'a pas été réceptive au choix que je lui ai proposé. Elle a choisi sa paire préférée, mais a refusé de la mettre seule.

À vous : ....

....

....

→ Laissez tomber ! Cela ne sert à rien de poursuivre si ça ne fonctionne pas. Vous prendriez le risque de voir la situation s'enliser. Cela ne veut pas dire que cela ne fonctionnera jamais, mais ça n'était pas adapté pour cette fois.

Avec quelle approche je me sens à l'aise ?

Exemple : nous avons bien ri avec Paul quand je lui ai lu le mot de sa fourchette. Depuis, nous jouons à faire parler la fourchette. J'aime l'approche ludique.

À vous : ....

....

....

Persévérez ! Plus vous serez aligné avec la méthode que vous employez, plus elle sera percutante et efficace. Comme tout, n'en abusez pas, c'est quand ils sont utilisés avec mesure que les outils restent efficaces.

Quelle approche ne me convient pas du tout ?

Exemple : je n'ai pas pu laisser Louise sortir sans chaussures, l'idée me dérangeait trop.

À vous : ....

....

....

Laissez tomber ! Si vous n'êtes pas droit dans vos bottes, l'enfant le sentira et il y a peu de chances pour que cela fonctionne. En plus de vous sentir mal à l'aise, vous risquez l'inefficacité.

Etape 5 : on fait le bilan

À présent, faisons le point !

Ça n'a pas marché du tout !

Au secours, ça n'a pas fonctionné, c'est même pire ! Paul ne veut plus voir une fourchette et il joue toujours avec sa nourriture, c'est tous les jours la bataille des chaussures avec Louise… Il faut alors arrêter de s'obstiner. Votre enfant n'est peut-être pas prêt, tout simplement. Ce pourrait être le cas de Paul, qui, vous voyant faire une drôle de tête au moment des repas, joue à la faire réapparaître. Il se peut aussi qu'un jeu de pouvoir se soit établi, comme pour Louise, qui sent qu'elle peut avoir un certain contrôle sur sa vie en ne mettant ses chaussures que lorsqu'elle l'aura décidé. Elle exprime peut-être ici un besoin d'autonomie. Vous pouvez réfléchir à la manière de lui donner davantage de contrôle sur sa vie : en la laissant choisir sa tenue du jour, par exemple, en lui demandant de choisir les fruits au supermarché… Dans les deux cas, rien ne sert de persévérer dans une voie qui semble abîmer la relation. Vous y reviendrez plus tard. La priorité doit rester la qualité de votre relation.

La recette de secours : porter les lunettes du positif !

Cela fait plusieurs jours (ou, pire, plusieurs semaines) que vous êtes très souvent en conflit avec votre enfant, et vous n'en pouvez plus.
Chaussez les « lunettes du positif » pour ne mettre en mots que ses comportements positifs ou ce que vous aimez chez lui. Pour une soirée, une journée, une semaine, taisez les reproches face aux comportements qui vous agacent et ne parlez que de ce qui est chouette : « J'adore ta bouille quand tu te lèves le matin », « Cela me fait plaisir que tu sois resté calme au supermarché », « Dans ton devoir de maths, cela se voit que tu t'es appliqué »…
Vous verrez, l'effet est assez bluffant. Il y aura toujours mille choses pour lesquelles votre enfant peut être valorisé, même si mille autres choses vous exaspèrent !

Peut mieux faire, car ça a moyennement fonctionné…

Cela a marché plusieurs fois et vous étiez euphorique… jusqu'au lendemain, où le comportement habituel a refait surface. Comme dans l'exemple de Julie qui arrive à perdre moins de choses, parfois même passe une semaine sans rien perdre, mais qui en deux jours peut prêter la moitié des objets de sa trousse…

Les enfants se comportent comme des enfants… S'ils ont faim, s'ils sont fatigués ou contrariés, cela prend toute la place et rend la constance du changement difficile. Par ailleurs, pour tout apprentissage, les ratés sont nécessaires à la progression.
Julie est en cours d'apprentissage de son rôle d'élève de primaire, si différent de celui de maternelle. Être responsable de sa trousse à l'école, c'est tout nouveau. Comment gère-t-elle ses affaires à la maison ? Si elle ne savait pas le faire avant le CP, elle a besoin d'apprendre. Enfin, comme tous les êtres humains, les enfants sont inconstants ! Aux adultes aussi, il arrive parfois de ne pas avoir envie de faire quelque chose qu'ils savent pourtant faire (comme s'arrêter de manger du chocolat) !
Il est enfin possible que votre enfant ait besoin d'être davantage impliqué et responsabilisé dans son chemin vers l'autonomie. Rendez-vous p. 80, pour un programme qui offre encore plus de clés d'autonomie à l'enfant, étape par étape !

Génial, mon enfant est plus autonome !

Avec plus ou moins de difficultés, votre enfant est devenu plus autonome sur ce point sensible et vous vous en réjouissez ! Comme dans l'exemple de Paul, pour qui le jeu de la fourchette qui parle a été tellement efficace que pour rien au monde il ne se passerait maintenant d'elle au repas !

→ N'hésitez pas à exprimer devant l'enfant les bienfaits de cette acquisition, les bénéfices pour lui et pour vous (« C'est agréable de te voir manger avec le sourire… et avec ta fourchette ! »). En somme, ancrez profondément ce progrès pour en faire un joyau de plus dans son coffre à réussites.

→ Pensez aussi à garder dans un coin de votre tête ce à quoi votre enfant a été sensible. Peut-être a-t-il aimé la reprise de contrôle que lui permettaient les choix ou le fait d'avoir plus de temps. Ou alors il a aimé le fait qu'un spécialiste s'adresse à lui pour lui expliquer les choses, il a été touché par vos compliments, vos encouragements et vos mots doux.

Chapitre 3

Comment faciliter les apprentissages ?

C'est en apprenant mille et une choses que l'on devient autonome. Marcher, parler, compter, gérer ses émotions, adapter sa tenue à la météo, se concentrer à l'école, ranger et se débrouiller au quotidien requièrent de très nombreux apprentissages. Le cerveau de l'enfant est en ébullition, et sa curiosité naturelle le pousse à apprendre. L'environnement joue un rôle déterminant dans ces processus. Dans ce chapitre, vous allez mieux comprendre comment développer les capacités d'attention et de concentration des enfants pour faciliter leurs apprentissages. Vous allez découvrir également l'importance des émotions, et une myriade d'astuces pour faciliter l'autonomie et les apprentissages à l'école.

Quiz : savez-vous ce qui facilite les apprentissages ?

Difficile de se rendre compte de ce qui va influencer les capacités d'apprentissage des enfants. Faites le point sur vos connaissances avec ce petit quiz…

1. Même si mon enfant pleure pour faire ses devoirs, il doit persévérer.

- ❑ Vrai
- ❑ Faux

2. Si mon enfant était plus attentif pendant ses exercices de maths, il ferait moins d'erreurs.

❑ Vrai

❑ Faux

3. La durée que passe mon enfant sur les écrans n'a rien à voir avec ses problèmes d'attention.

❑ Vrai

❑ Faux

4. Être bien hydraté contribue à bien apprendre.

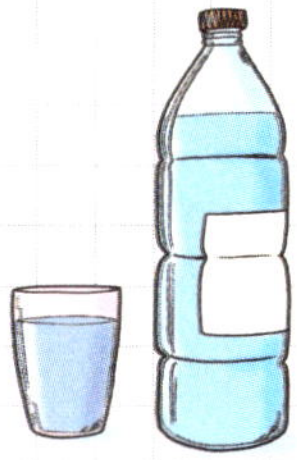

❑ Vrai

❑ Faux

5. Respirer profondément ne sert qu'à se détendre, à la rigueur, mais sûrement pas à mieux apprendre...

❑ Vrai

❑ Faux

Réponses

1. **Faux :** pris par l'émotion, son cerveau n'est plus disponible pour se concentrer sur ses devoirs. Mieux vaut d'abord calmer l'émotion avant de faire ses devoirs (voir p. 57) !
2. **Vrai et faux :** pendant un exercice il faut être attentif, certes, mais aussi être concentré. Il est donc important de savoir maintenir son attention sur la durée et sur l'exercice, ce qui n'est pas toujours facile (voir p. 52).
3. **Faux :** passer trop de temps devant les écrans perturbe les capacités d'attention et de concentration, et peut même générer des troubles du comportement. Il vaut mieux se tourner vers les experts et respecter leurs conseils avisés (voir p. 49).
4. **Vrai :** notre corps a besoin d'eau pour bien fonctionner et bien transmettre l'information. Souvent, les enfants ne boivent pas suffisamment. Pensez à leur faire boire un verre d'eau avant de passer aux apprentissages.
5. **Faux :** notre cerveau est un gros consommateur d'oxygène. Il en a besoin pour fonctionner correctement. Le stress et les émotions accélèrent la respiration ou génèrent des apnées. En respirant profondément, on nourrit bien son cerveau et on facilite donc ses apprentissages.

Développer ses capacités d'attention

« Fais attention ! » Combien de fois avons-nous prononcé cette phrase depuis que nous sommes parents ? Il faut dire que les enfants renversent souvent des verres, se prennent les pieds dans le tapis ou nous coupent allégrement le passage. Jusqu'à 6 ou 7 ans, la conscience qu'ils ont de leur schéma corporel (c'est-à-dire la représentation qu'ils se font de leur corps) est encore assez mal définie.

Difficile, à 4 ans, de ne pas faire tomber la boule de son cornet de glace en bougeant… Ce n'est pas de la mauvaise volonté de la part de votre enfant, ni même un manque d'attention, il n'a simplement pas encore conscience du déplacement exact de son corps, surtout s'il n'a pas les yeux rivés sur sa glace !
Mais alors, qu'est-ce que l'attention ? Est-ce la même chose que la concentration ? Qu'est-ce qui les favorise ou les diminue ? Et d'ailleurs, quelle différence faisons-nous entre apprendre et mémoriser ?

Attention et concentration

Il ne suffit pas toujours d'être attentif, notamment à l'école, pour apprendre. Il est nécessaire aussi de savoir se concentrer, ce qui n'est pas tout à fait la même chose.

L'attention : une connexion

Lorsque nous sommes attentifs, nous sommes ouverts aux informations provenant de l'extérieur grâce à nos sens. Nous sommes alors « connectés » à une personne (comme la maîtresse) ou à un élément de notre environnement (une musique, un paysage). Cette connexion permet au cerveau de réagir, d'être rapide pour être plus efficace. En somme, le cerveau est impliqué, ce qui favorise compréhension et mémorisation. Cependant, notre attention est volage et peut être attirée, malgré nous, par d'autres centres d'intérêt. Des camarades qui bavardent ou une mouche qui vole dans la classe engendreront des déconnexions.

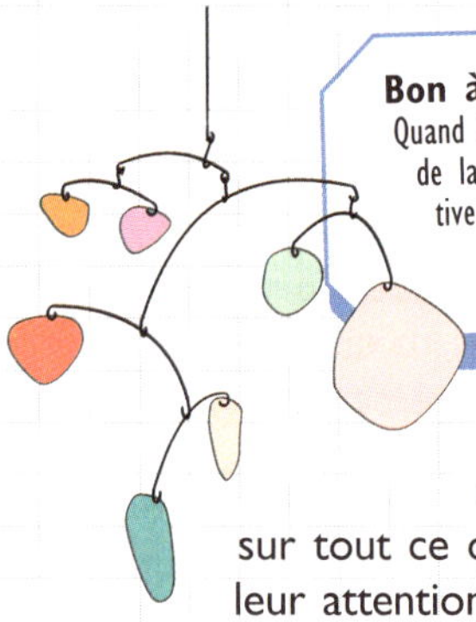

Bon à savoir
Quand le cerveau est attentif, les zones cérébrales de la mémorisation et de la planification s'activent automatiquement. À l'inverse, lorsque le cerveau n'est pas attentif, ces zones s'éteignent…

Attention aux parasites !

Dès que nous faisons plusieurs choses à la fois, notre attention se divise. Le cerveau ne cesse de se connecter et de se déconnecter, passant d'une chose à l'autre, perdant ainsi du temps et surtout une grande part d'efficacité tout en étant coûteux en énergie. Les enfants, très curieux, papillonnent sur tout ce qui attire leur regard. Progressivement, ils apprendront à maintenir leur attention plus longtemps.

Se concentrer dans la durée

Notre cerveau est attentif tout le temps, mais souvent à plein de choses en même temps, parfois beaucoup trop ! Un cerveau multitâches qui reste efficace, cela n'existe pas ! Ce qui est difficile finalement, surtout pour les enfants, c'est de maintenir leur attention, de rester connectés à leur « cible » le temps nécessaire. Cela leur enseigne également l'effort et la persévérance. Gardons cependant à l'esprit que les capacités de concentration des enfants s'améliorent avec les années.

La concentration nécessite, en plus de rester attentif sur la durée, de savoir s'isoler des distractions que l'extérieur apporte.

Pour mieux se repérer...
Voici une estimation de la capacité de temps de concentration des enfants en fonction de leur âge...
- **Entre 2 et 3 ans :** une quinzaine de minutes au maximum (beaucoup moins en général).
- **Vers 4 ans :** jusqu'à 20 minutes (en moyenne, 8 minutes).
- **5 ans :** entre 10 et 25 minutes.
- **6 ans :** entre 12 et 30 minutes.
- **7 ans :** jusqu'à 35 minutes.
- **8 ans :** entre 16 et 40 minutes.

Garder l'équilibre : une attention sélective

Être concentré, c'est parvenir à garder une attention stable et ciblée. Cela n'est pas nécessaire tout le temps (même à l'école !), mais il est précieux de savoir activer cette compétence au moment opportun, pour finir un exercice de maths par exemple.

Jean-Philippe Lachaux, directeur de recherche en neurosciences cognitives à l'INSERM et auteur des *Petites Bulles de l'attention* (Odile Jacob), propose une métaphore très concrète pour comprendre et expliquer l'attention aux enfants.

L'équilibre attentionnel : la poutre

Demandez à votre enfant de s'imaginer en train de marcher sur une poutre ; dans l'idéal, proposez-lui de marcher réellement sur un muret. S'il passe son temps à regarder les insectes volants, à faire coucou aux copains qui passent ou à vous écouter parler, il va d'une part être ralenti et, d'autre part, perdre l'équilibre en penchant à droite ou à gauche, comme attiré sur les côtés par des forces invisibles. Il en va de même pour l'attention. Notre cerveau se laisse distraire par des forces intérieures (pensées, rêveries) ou extérieures (bruits, mouvements).

Rester attentif, c'est comme traverser une poutre sans tomber, en ciblant notre « destination » et en résistant aux forces qui voudraient nous faire perdre l'équilibre. Entraîner son « équilibre attentionnel », c'est apprendre à mieux connaître ces forces qui nous déconcentrent et c'est savoir y réagir (voir p. 62).

Apprentissage et mémorisation

Pour devenir autonomes, les enfants ont besoin d'apprendre, de mémoriser et d'être motivés. Apprenons à bien faire la différence entre tous ces termes pour comprendre comment cela fonctionne.

Apprendre, c'est acquérir un savoir

Apprendre, c'est même acquérir différents types de savoirs : les savoirs (connaissances théoriques, comme une règle mathématique), les savoir-faire (comme appliquer la règle mathématique dans un problème concret), mais aussi les savoir-être, c'est-à-dire les conditions et la posture favorisante qui permettront l'acquisition des savoirs et l'application des savoir-faire. Il s'agit là d'un accroissement des compétences qui nécessite une maîtrise plus large d'un sujet que le fait de mémoriser. Plus l'enfant monte en compétence, en sachant faire de plus en plus de choses par et pour lui-même, plus il sera autonome dans sa vie !

Mémoriser et fixer l'information en 3 étapes

Dans le processus de mémorisation, nous fixons des informations dans la mémoire. Cela ne constitue qu'une partie des apprentissages, celle de l'acquisition des savoirs. Afin de permettre cette fixation, notre cerveau a besoin de 3 étapes :

1. encoder, c'est-à-dire recueillir des informations grâce à nos 5 sens ;
2. stocker, c'est-à-dire maintenir dans le temps des informations apprises (techniques de mémorisation) ;
3. se rappeler, c'est-à-dire récupérer les informations au bon moment.

Mémoriser… tout un projet !

Pour mémoriser, il faut donc conserver l'information grâce à ces 3 étapes indispensables. Pour entamer ce processus, il est nécessaire d'être attentif, mais aussi et avant tout d'en avoir le projet, et donc d'avoir une idée claire de son objectif.

À quoi cela me servira de mémoriser cela ? Comment vais-je pouvoir le réutiliser ? Se « mettre en projet » pour mémoriser est un point fondamental pour garder longtemps l'information en mémoire.

Motivé ! Plus la motivation vient de soi, de ses envies et de ses centres d'intérêt, plus elle est forte et porteuse de persévérance, d'attention et de concentration. A contrario, si la mémorisation est contrainte et que le sujet n'intéresse pas l'enfant (motivation provenant de l'extérieur), la mémorisation est plus laborieuse.

Mémorisation active plutôt que passive

Lorsque la motivation manque et qu'il faut tout de même apprendre, on préférera une mémorisation active.

La mémorisation est active lorsqu'il y a un rappel d'informations par des questions, par exemple, ou par des cartes mentales (voir p. 65). Elle favorise grandement le stockage à long terme des informations.

La mémorisation passive, utilisée par la plupart des élèves, c'est apprendre par cœur un cours en le lisant et en le relisant pour pouvoir le restituer dans un délai court.

Mollo sur les écrans : le cerveau « zappeur »

S'il existe un ennemi de l'attention, c'est l'excès d'écrans ! Nous sommes au XXIe siècle, nos enfants et nous-mêmes vivons désormais dans un monde digital où les écrans sont nombreux. Impossible ou presque d'en faire l'impasse. Alors comment faire pour éviter les dégâts des écrans, voire en tirer des bénéfices grâce à une utilisation intelligente (et mesurée) ?

Les bases à respecter

Serge Tisseron, célèbre psychiatre et psychanalyste français, a élaboré des critères d'âges afin de mieux se repérer dans cette récente expansion des écrans et d'Internet dans les foyers.

- **Avant 3 ans, pas de télévision.** L'enfant entre 0 et 3 ans construit sa représentation du monde à travers des repères dans l'espace et le temps, réels et non virtuels !
- **Avant 6 ans, pas de console de jeu personnelle.** Entre 3 et 6 ans, l'enfant développe sa sensorialité et découvre le monde en le manipulant.
- **Avant 9 ans, pas d'Internet.** C'est entre 6 et 9 ans que les enfants apprennent les règles de la vie en société, en se frottant à leurs semblables dans la « vraie vie ».
- **Avant 12 ans, pas de réseaux sociaux.** Entre 9 et 12 ans, les enfants font l'expérience de la complexité des relations humaines et du monde en général.

Surveiller les contenus

Bien que votre enfant puisse regarder la télévision à partir de 3 ans ou créer son profil Facebook à 12 ans, les contenus qu'il pourra consulter devront évidemment être adaptés à son âge. On peut regarder un dessin animé ou un jeu vidéo avec lui pour s'en assurer, en respectant les âges indiqués sur les jeux car, une fois des images inappropriées en tête, il sera bien difficile de les en extraire ! Si des images ont choqué votre enfant, prenez le temps d'en parler en famille, et soyez vigilant quant à ce que vous visionnez vous-même en leur présence.

Les écrans et le temps d'utilisation

Les écrans sont hypnotiques... Le temps file sans que nous en ayons conscience. Pour le coup, adultes comme enfants se laissent tout autant prendre dans ces filets digitaux. Combien de temps mon enfant peut-il rester devant ? À quel moment de la journée ? Ce sont des questions que se posent de nombreux parents. Les experts ont établi un consensus :

- **entre 3 et 6 ans,** un enfant peut passer de 30 minutes à 1 heure par jour, progressivement, devant les écrans (Smartphone, tablette, TV et console confondus) ;
- **entre 6 et 12 ans,** il pourra y passer de 1 à 2 heures par jour, toujours en douceur ;
- **après 12 ans,** il ne devra pas passer plus 2 heures par jour devant les écrans.

Pour les enfants scolarisés, la règle est d'utiliser les écrans plutôt en fin d'après-midi, après les devoirs. Bien sûr, ces durées ne sont pas une obligation (cela peut être beaucoup moins !), uniquement des repères.

Globalement, lorsqu'un enfant alterne avec mesure activités « virtuelles » et autres activités, comme des jeux de société, aller au contact de la nature ou faire du sport, et que ses relations sociales et ses résultats à l'école n'en pâtissent pas, tout va bien !

Les risques sur le sommeil...

Afin de nous motiver pour cadrer nos enfants (et nous cadrer nous-mêmes !), les recherches en neurosciences ont démontré les conséquences potentielles de l'excès d'écrans. Sur le sommeil d'abord, à cause de la lumière bleue des écrans, bien connue maintenant, qui empêche la sécrétion de mélatonine, l'hormone du sommeil et de la régulation de l'appétit. Certains vous répondront que leur écran ou leurs lunettes possèdent un filtre pour cette lumière, mais c'est oublier que le nombre d'images par seconde et les variations de luminosité ont un impact sur notre cerveau, qu'ils excitent, ce qui n'est pas propice au sommeil.

Pas d'écran dans l'heure qui précède le coucher, pour un meilleur endormissement.

La mémoire est également touchée

À force de dégainer notre Smartphone plutôt que de réfléchir ou de tenter de nous souvenir dès que nous cherchons quelque chose, notre rapport à la mémoire se modifie.

→ **Donnons à nos enfants l'habitude de réfléchir avant de se ruer sur le Net,** et servons-leur de modèle sur ce point !

Le niveau de stress est plus élevé

Notre cerveau et notre corps réagissent aux images perçues, faisant augmenter notre rythme cardiaque même quand nous sommes confortablement installés dans notre canapé !

→ **Bougeons !** Balade en famille, danse endiablée dans le salon, chahut sur le grand lit… tout ce qui met notre corps en mouvement est bon pour faire diminuer le stress.

Le manque d'attention et de concentration

Attention et concentration sont aussi très touchées par l'usage excessif des écrans. D'abord, le côté multitâche induit par les écrans : si vous sollicitez votre cerveau avec deux tâches qui utilisent les mêmes réseaux de neurones, elles vont entrer en conflit, c'est pourquoi on ne peut pas bien apprendre une leçon devant la télévision (ou écrire un mail en parlant au téléphone).

Les informations qui nous parviennent en flux constant et qu'il faut traiter surchargent notre tête ! Cela occasionne de nombreuses interruptions, qui sont elles aussi très néfastes à nos performances mentales.

→ **Modération sera le maître mot,** sur la durée mais aussi sur le nombre d'écrans en simultané : un seul à la fois !

Le saviez-vous ?
Les nouvelles technologies offrent des outils merveilleux, et la moitié de la planète est connectée à Internet. Cependant, cela crée un zapping permanent qui n'est pas dénué de conséquences pour notre cerveau. En 2004, une étude a montré que la durée moyenne de concentration sur un écran d'ordinateur était de 3 minutes, un chiffre qui a largement diminué pour passer à 1 min 15 s en 2012 (alors même que l'usage d'Internet et des mails augmente prodigieusement). Se questionnant sur d'éventuelles meilleures capacités de gestion de l'attention sur écran des enfants de la génération Y (nés dans les années 2000), qui ont grandi avec l'outil numérique, les chercheurs ont découvert que leur temps d'attention n'était que de 45 secondes. Il est urgent de cultiver et d'entraîner notre attention !

Il y a aussi du positif !

Heureusement, le tableau n'est pas tout noir. Avec un usage modéré, adapté à l'âge en termes de contenu, certains jeux et applications très pédagogiques peuvent faciliter les apprentissages, contribuer à faire travailler la mémoire (notamment dans l'espace) et améliorer les capacités motrices (pour les jeux en mouvement). Internet peut aussi être un vecteur de savoirs, si l'enfant est guidé pour faire des recherches (et vérifier ses sources…).

Cultiver l'attention dans la vie quotidienne

Avec l'hyper-connectivité de notre époque et son flot d'informations en continu, cultiver l'attention est un véritable enjeu. Aider les enfants, dès le plus jeune âge, à entraîner cette capacité semble primordial. Mais comment s'y prendre ?

Faire des pauses

Notre cerveau, et certains réseaux de neurones en particulier, a besoin de faire des pauses, de déconnecter. Pour ce faire, nous possédons un réseau par défaut qui s'active lorsque nous sommes au repos (mais pas endormi). Il s'agit d'une attention diffuse, mais avec vigilance, comme lorsque vous conduisez en rêvassant tout en gérant le danger. Ce réseau est fragile, et pourtant fondamental pour la mémoire, car celle-ci n'est pas seulement une somme de souvenirs accumulés, mais une construction, une synthèse faite par notre cerveau. Des moments de pause pris régulièrement dans la journée, quelques secondes parfois, permettent de mieux réfléchir et de synthétiser tout ce que l'on apprend.

Astuces

1. Enseignez à votre enfant à laisser son regard aller au loin par la fenêtre, même en classe, pour revenir ensuite avec attention sur le tableau (et faites de même, surtout si vous êtes sur écran toute la journée !).
2. Prenez le temps de respirer profondément pendant quelques secondes. Faites-le d'abord ensemble, pour que l'enfant prenne l'habitude et pour qu'il puisse ensuite le faire seul.

Fractionner la tâche

Parfois, on se sent tellement submergé par l'ampleur de la tâche que l'on se disperse dans tous les sens. Pour entraîner son attention, il est très intéressant de découper la mission en plusieurs sous-objectifs. Chaque étape devient réalisable, et c'est moins décourageant.

Par exemple, votre enfant de 4 ans aura beaucoup de difficulté à ranger sa chambre si elle est très en désordre. Il sera attiré par un jouet et oubliera totalement le rangement, surtout s'il ne sait pas par où commencer.

Soutenez-le en lui indiquant différentes étapes, l'une après l'autre : « Tu ramasses d'abord toutes les briques de construction pour les mettre dans la boîte ». Une fois que c'est fait, prenez le temps de le féliciter avant de continuer à le guider : « Super, les briques sont dans la boîte. Maintenant, les peluches dans le filet ! », etc.

Apprivoiser ses yeux !

Nos yeux sont sans arrêt en train de se promener d'un endroit à l'autre ; toujours en mouvement, ils se déplacent au moins 3 fois par seconde. Jean-Philippe Lachaux les compare à une abeille dans un massif de fleurs, mais une super-abeille qui irait très vite, tellement vite d'ailleurs qu'il serait illusoire de croire que l'on peut contrôler chacun de ses déplacements.

Dès que notre regard se pose sur quelque chose, une foule d'associations se met en marche. C'est d'ailleurs pour cette raison que de plus en plus d'enseignants demandent des fournitures scolaires sans trop de fioritures ou de héros, pour éviter ces distractions vers lesquelles tend inévitablement le cerveau des enfants.

En revanche, lorsque nous devons être attentifs, nous pouvons malgré tout ramener notre attention en prenant conscience de ce papillonnage. Parfois, notre « petite abeille » peut butiner en liberté, et parfois il est indispensable de la diriger !

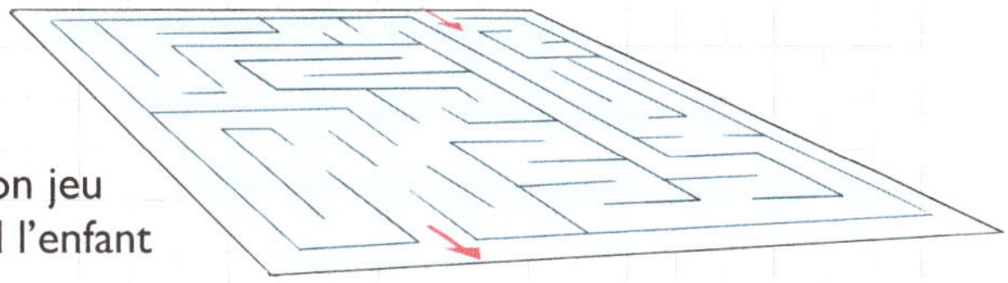

- La lecture est un excellent moyen de canaliser le mouvement des yeux puisqu'on doit suivre les lignes.
- Le tracé du labyrinthe est aussi un très bon jeu pour apprivoiser son abeille, un jeu auquel l'enfant peut s'exercer de temps à autre.

7 clés pour résister au côté obscur de la force !

Pour résister à ces multiples forces qui attirent son attention et apprendre à stabiliser son corps et son esprit, votre petit padawan devra s'entraîner avant de devenir un jedi ! Voici quelques pistes pour l'aider…

Astuce
Créez avec votre enfant un mot-clé qui l'aidera à se connecter quand c'est nécessaire. Par exemple « connexion » : lorsque ce mot est prononcé, l'enfant sait qu'il doit diriger ses yeux, et donc son attention, vers son assiette, son cahier, le rangement de sa chambre…

1. Les mandalas

Ces petits coloriages au succès florissant sont un excellent moyen de travailler son attention et sa concentration. Initialement support méditatif pour les bouddhistes, le mandala peut permettre aux petits (et aux grands) Occidentaux de développer ces deux capacités précieuses. On dit même que colorier de l'extérieur vers l'intérieur favorise le recentrage, la concentration, et que l'inverse permet de développer davantage l'attention.

En pratique : vous trouverez de nombreux exemples à imprimer gratuitement sur n'importe quel moteur de recherches, ou encore des livres dédiés en librairie (voir p. 93).

2. La présence au corps

Pour calmer un esprit surchargé, rien de tel que de revenir dans le corps. Pour les enfants, il existe un moyen rapide et efficace, l'alternance de tensions musculaires douces et de relâchements, à faire – pourquoi pas ? – en se synchronisant sur la respiration.

En pratique : votre enfant inspire profondément et, en apnée, effectue une tension douce d'une partie de son corps – épaules et nuque, bras, jambes, etc., l'un après l'autre –, puis il relâche ses muscles tout en expirant longuement, 3 fois de suite. Cela met le cerveau sur pause, et améliore l'attention par la suite.

3. Jouer avec ses 5 sens

Plus votre enfant travaillera ses sens en jouant à porter une attention soutenue à chacun, plus il affûtera son attention. Rappelez-vous que c'est LE moyen d'encoder l'information pour pouvoir la mémoriser.

En pratique : vous pouvez faire des jeux gustatifs les yeux bandés (sans piège, bien sûr !). Lors d'une balade dans la nature, on se pose en silence et on est attentif aux sons qui nous parviennent, puis chacun dit ce qu'il a entendu. On peut également proposer à l'enfant de fermer les yeux et de toucher différentes matières, ou poser un objet dans ses mains pour qu'il le découvre du bout des doigts.

4. Travailler son écran mental

Pour la grande majorité d'entre nous, nous nous représentons les choses sous forme d'images mentales. Certaines images viennent toutes seules, mais nous pouvons aussi choisir d'en faire apparaître.

En pratique : pour préparer une dictée par exemple, on peut demander à l'enfant d'écrire le mot dans sa tête avec sa couleur préférée pour l'aider à le mémoriser et à rester attentif. C'est un entraînement, car il n'est pas si facile de garder des images sur notre écran mental : elles peuvent être mouvantes, floues, parasitées par d'autres pensées.

5. Bouger

Pour décharger le stress et compenser les heures où il a dû rester assis à l'école, votre enfant a besoin de se dépenser physiquement.

En pratique : activité sportive périscolaire, mais aussi bataille de polochons, tour de vélo, course au parc ou dans le jardin. Le mouvement est aussi très important dans les apprentissages, comme les mouvements de Brain Gym© (voir p. 65).

6. Aller dehors

On dit que faire 20 minutes de marche augmente la concentration et que pratiquer 2 heures d'activité en plein air élève de 50 % nos capacités de mémorisation ! Se promener dans la nature diminue le stress, favorise l'activité physique, oxygène le corps, réduit l'exposition à l'excès de bruits et d'images… Bref, c'est le cocktail idéal pour retrouver de bonnes capacités d'attention.

→ **En pratique :** à vous les balades en famille le week-end ou le petit tour au parc dès que l'occasion se présente…

7. Méditer

Pratique royale pour cultiver l'attention et le détachement face aux parasitages mentaux, la méditation bénéficie de plus en plus de supports audio d'entraînement adaptés aux enfants, tel *Calme et attentif comme une grenouille*, d'Eline Snel (livre CD, Les Arènes).

→ **En pratique :** vous pouvez vous asseoir au sol avec votre enfant, dos droit, sans appui, et l'inciter à rester immobile quelques instants pour observer son corps, découvrir les zones calmes en lui et celles qui ont peut-être une furieuse envie de gigoter. Invitez-le à observer aussi sa respiration, qui soulève et abaisse doucement son ventre, même lorsqu'il est immobile. Commencez par une minute ou deux, puis faites durer ce temps de méditation plus longtemps, avec quelques moments de silence.

Autonomie, apprentissages et émotions

Autres ennemies de l'apprentissage, les émotions désagréables ! Lorsque l'enfant est triste, furieux ou effrayé, il a plus de difficulté à apprendre. Son cerveau est monopolisé par l'émotion, et il n'a plus de « bande passante » pour le reste. Comme les enfants vivent de nombreuses émotions fortes (les parents en savent quelque chose !), comment s'y prendre pour faire de leurs émotions des alliées ?

Emotions ? Pour y voir plus clair…

Une émotion est un phénomène complexe qui vient en réaction à un déclencheur qui entraîne une réponse triple :

- physiologique et corporelle, comme le cœur qui accélère ou la transpiration ;
- comportementale (action, fuite, combat, tétanie) ;
- cognitive (les pensées qui en découlent).

Lorsque l'émotion est intense, il est très difficile d'avoir des pensées claires et logiques. Les enfants sont encore plus vulnérables à ce phénomène.

Ces émotions qui envahissent

Enfants et adultes ne sont pas égaux face aux émotions. En effet, le cerveau des enfants, encore en construction, se câble progressivement afin de créer des connexions entre le cerveau émotionnel et le cerveau pensant. Daniel Siegel, dans son livre *le Cerveau de votre enfant* (Les Arènes), donne une très bonne image pour comprendre ce phénomène et l'expliquer aux enfants, c'est le « cerveau dans la main ».

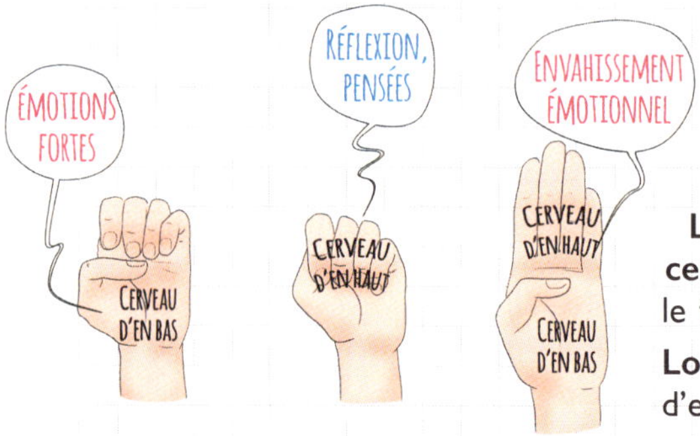

La paume de la main et le pouce représentent le cerveau d'en bas, celui qui vit les émotions fortes et qui s'occupe des fonctions les plus vitales du corps (respiration, battements cardiaques, digestion…).

Les 4 autres doigts de la main symbolisent le cerveau d'en haut, celui qui pense, se projette dans le futur, résout les problèmes et réfléchit.

Lorsqu'une émotion forte est présente, le cerveau d'en bas déconnecte le cerveau d'en haut. Il est alors compliqué de penser rationnellement.

On apprend bien quand on se sent bien

Si le cerveau d'en haut est déconnecté, comment bien apprendre ?

Faire ses devoirs en pleurant sera inefficace à coup sûr (ou excessivement long et laborieux). Dans ce cas, il sera important d'accueillir les émotions de l'enfant pour reconnecter son cerveau d'en haut.

Les émotions positives, quant à elles, sont à cultiver pour favoriser les apprentissages… et pas seulement à l'école ! Les temps de qualité partagés avec l'enfant, les valorisations et les compliments (voir p. 33) sur ses progrès sont autant de façons de cultiver des émotions positives en famille pour progresser.

Le sens des émotions

Pour accueillir une émotion, il faut déjà y voir clair et en comprendre le sens. Quel type de situations provoque telle ou telle émotion ? Si votre enfant est en colère, il y a fort à parier qu'il perçoit une injustice, une frustration ou une blessure. Mais cela fonctionne aussi dans l'autre sens : face à une situation nouvelle, inconnue, il est tout à fait normal d'avoir plus ou moins peur !

Voici un petit tableau récapitulatif...

Joie	Colère	Tristesse	Peur
Réussite Rencontre	Injustice Frustration Blessure Agression	Perte Séparation Déception	Danger Inconnu

Écouter plutôt que limiter

Nous avons tendance à considérer les manifestations émotionnelles des enfants comme des caprices ou des crises. Partant de ce point de vue, nous cherchons à faire taire l'enfant ou à le calmer, or l'expression émotionnelle est SA manière à lui de se calmer pour que son cerveau se reconnecte et que son corps revienne au calme.
Toutefois, gardons à l'esprit qu'il est important d'écouter les émotions mais de limiter les comportements que nous jugeons inacceptables.

Les 4 règles d'or pour accompagner les émotions

Règle n° 1 : se connecter

Pour accompagner les émotions de l'enfant, il faut d'abord être soi-même disponible. Si vous ressentez aussi une forte émotion, il y a peu de chance que cela fonctionne. Pour établir une connexion avec l'enfant, il est nécessaire d'arrêter ce que l'on est en train de faire pour lui consacrer son attention.
Enfin, il est important de capter le regard de l'enfant, ou de rester près de lui en lui signifiant qu'on est disposés à l'écouter, à comprendre ce qui se passe pour lui. Si on peut se mettre à sa hauteur, c'est l'idéal.

Règle n° 2 : développer son écoute

Une écoute de qualité, c'est souvent complexe au début, en premier lieu parce qu'il est difficile de percevoir les choses du point de vue d'une autre personne, et a fortiori du point de vue d'un enfant. Cela requiert également du temps, ce qui n'est pas toujours simple dans nos emplois du temps chargés, avec le stress qui en découle. Gardez à l'esprit qu'il s'agit de prendre du temps pour éviter d'en perdre, et cela encore plus en ce qui concerne les apprentissages. Vous serez étonné de constater à quel point, une fois que vous êtes entré en connexion avec l'enfant, le fait de formuler à voix haute ce que vous imaginez qu'il ressent peut le soulager. Cela présente aussi l'énorme avantage de contribuer à l'éducation émotionnelle de votre enfant, qui saura de plus en plus décoder et comprendre ses émotions.

À vous de jouer ! Souvenez-vous de la dernière fois que votre enfant a eu une émotion intense en lien avec quelque chose pour lequel vous voudriez qu'il soit autonome et décrivez la situation (par exemple, Louise, 4 ans, hurle parce qu'elle ne veut pas mettre ses chaussures).

....

....

....

Maintenant, mettez-vous à sa place en décrivant ce que votre enfant vivait. Par exemple, Louise n'a pas du tout envie de mettre ses chaussures. Cela la met en colère que je le lui demande, elle semble vouloir décider quand elle le fera !

....

....

....

Cet exercice vous permet de sortir de votre point de vue, de commencer à prendre de la hauteur sur le problème et de mieux comprendre ce que ressent votre enfant.

Règle n° 3 : découvrir le besoin caché

La simple écoute ne suffit pas toujours. Cela permet déjà de dégonfler l'intensité de l'émotion pour pouvoir mieux échanger, mais il faudra aussi combler le besoin qui se trouve caché derrière une émotion. Par exemple, Louise peut avoir besoin de liberté, de contrôle, de temps ou d'espace pour réaliser sa tâche, comme mettre ses chaussures pour être prête au moment de partir.

- Si c'est un besoin de liberté, trouvez une astuce, sablier ou *timer*, pour qu'elle soit chaussée « quand elle le veut, mais avant telle heure ».
- Si elle a besoin de temps, faites en sorte qu'elle puisse avoir plus de temps pour se chausser en la prévenant suffisamment tôt.

Derrière chaque émotion se cache un besoin (liste non exhaustive)

Émotions	Joie	Colère	Tristesse	Peur
Besoins	Partage Besoins satisfaits	Identité Respect Liberté Appartenance	Retrait Réparation Compréhension Harmonie	Sécurité Protection Autoprotection

Règle n° 4 : faciliter l'autonomie émotionnelle

Avec les années et l'entraînement, votre enfant saura de lui-même de mieux en mieux identifier ses émotions et les besoins qui leur sont liés. Ce sera la première étape, et elle est fondamentale. Ensuite, il devra apprendre à réguler son comportement pour qu'il soit socialement acceptable. Alors qu'à 5 ans il lui était encore très difficile de réprimer ses gestes (notamment en cas de colère), il sera plus à même de gérer son comportement avec les années, de prendre du recul.

Vous ne serez pas toujours près de votre enfant pour accompagner ses émotions. Il aura besoin de pouvoir le faire seul, mais il aura aussi régulièrement besoin de les laisser sortir dans la sécurité de sa maison et auprès de ses figures d'attachement. C'est parfois difficile pour les parents, mais c'est avant tout auprès d'eux que débordent les émotions contenues des enfants après les journées en collectivité.

→ **À vous de jouer !** Préparez-vous aux retrouvailles de fin de journée en vous créant, avant, un petit sas de décompression : que ce soit dans le bus, la voiture ou avant de franchir la porte de la maison, prenez le temps de respirer et de vous relâcher un peu (sourcils, mâchoires et épaules) pour être plus disponible.

J'aide mon enfant à développer son attention et sa concentration

Que votre enfant ait ou non des difficultés d'attention et/ou de concentration, il a, comme nous tous, besoin de cultiver ces précieuses capacités. Pour cela, nous aiderons les enfants à comprendre ce que sont ces capacités à travers des images, à éliminer ce qui les parasite et à s'entraîner pour les entretenir de multiples façons.

Une semaine pour comprendre

Mais comment ça marche, l'attention ? À quoi ça sert ? Pourquoi, parfois, je n'y arrive pas ? En voilà de bonnes questions ! Pendant une semaine, vous allez sensibiliser votre enfant à la question de l'attention et de la concentration. N'hésitez pas à illustrer votre propos avec les événements que vous vivez au quotidien !

L'attention : la poutre

À partir de : 5-6 ans.

Bénéfice : comprendre comment fonctionne l'attention.

Reprenez l'exemple de la poutre (voir p. 47) pour aider votre enfant à comprendre que l'attention lui apporte de l'équilibre et que les distractions sont comme des forces qui l'attirent et le lui font perdre.

Pour aller un peu plus loin, jouez avec cette image pour être sûr que votre enfant en comprenne le principe. Une poutre, selon qu'elle est large ou étroite, haute ou basse, courte ou longue, va demander plus ou moins d'attention. En prendre conscience va l'aider à se préparer.

Exemple : si votre enfant déteste la géographie, cela lui coûte beaucoup de s'y mettre et de rester attentif au moment des leçons. Pour lui, c'est une poutre fine, assez haute et longue. Cela va lui demander de mobiliser son attention et sa concentration. Il devra donc se préparer à cela correctement. Si, en revanche, il s'agit de jouer à son jeu vidéo favori, la poutre est large, basse et perçue comme courte. Tout roule, il n'a même pas l'impression de faire des efforts d'attention.

La concentration : l'abeille

À partir de : 4-5 ans.

Bénéfice : prendre conscience du mouvement incessant de ses yeux.

Pour lui permettre de comprendre que son attention a tendance à se diriger là où vont ses yeux, parlez-lui de l'abeille (voir p. 53). Illustrez l'expérience avec lui dans la vie quotidienne. S'il comprend ce principe, il sera plus facile de lui rappeler de connecter ses yeux à sa tâche le moment venu.

Par exemple, en entrant dans la boulangerie, demandez-lui de faire attention aux mouvements de ses yeux, qui butinent çà et là comme une abeille de fleur en fleur. Aidez-le à prendre conscience du nombre d'informations qu'enregistre son cerveau à ce moment-là. À la sortie, demandez-lui de décrire tout ce qu'il a vu.

La distraction : les neurones de la récompense

À partir de : 4-5 ans.

Bénéfice : se rendre compte de la façon dont on perd son attention.

Notre cerveau nous joue parfois des tours… En effet, il possède un « circuit de la récompense » qui a tendance à attirer notre attention vers ce qui nous plaît particulièrement, qui nous apporte du plaisir, des émotions positives. Le problème, c'est que ce système va chercher à s'activer lorsqu'on s'ennuie ou que l'on fait quelque chose qu'on n'aime pas. Il va donc partir en quête d'une source de plaisir pour compenser. Et voilà comment votre fille pense en boucle à son dessin animé préféré, qu'elle meurt d'envie de regarder, et ne parvient pas à se préparer dans les temps pour sortir.

Une partie des distractions vient de cette tendance à vouloir reproduire ce qui nous fait du bien. Identifiez-les avec votre enfant.

Par exemple, aidez-le à constater à quel point son attention est « aimantée » par ce qu'il aime en le verbalisant à haute voix : « Tu as tellement envie d'aller jouer au foot avec tes copains que tu y penses très fort et que tu n'arrives pas à finir ton exercice. » Pour l'inciter à prendre du recul, demandez-lui ensuite s'il est obligé d'obéir à son cerveau à ce moment-là ou s'il peut décider de ramener son attention sur son exercice, puisqu'il est très important qu'il progresse à l'école.

Une semaine pour éliminer les parasites

Pour pouvoir résister aux distractions, encore faut-il éliminer celles sur lesquelles on peut agir directement et savoir détecter leur apparition. Durant cette semaine, votre enfant va prendre conscience de ce qui parasite son attention pour mieux la gérer ensuite. C'est peut-être le moment de fixer de nouvelles règles, notamment côté écrans…

Modérer les écrans

À partir de : tous les âges.

Bénéfices : plus de calme, plus d'attention, un meilleur sommeil…

Sur ce point, il est indispensable de veiller à une utilisation raisonnée des écrans (voir p. 49), sans pour autant les diaboliser. Expliquez la règle à vos enfants, et choisissez un moment adapté (pas juste après le réveil ni avant le sommeil, plutôt après les devoirs). Proposez-leur en parallèle d'autres activités, d'autres jeux, que ce soit à l'extérieur ou à la maison.

Mieux gérer ses émotions

À partir de : 4 ans.

Bénéfice : favoriser un état d'esprit propice aux apprentissages.
Plus votre enfant se sentira joyeux, plus il sera disposé à apprendre. Aidez-le à gérer ses émotions au quotidien grâce à l'écoute active (voir p. 57), et il sera de plus en plus autonome et compétent pour les gérer. Vous renforcerez également vos liens familiaux.
N'hésitez pas à vous référer à l'image du cerveau dans la main (voir p. 56), qui est très facile à comprendre pour les enfants. Gardez également cette image en tête quand votre enfant a une réaction émotionnelle intense. La première urgence est de reconnecter son cerveau d'en haut à celui d'en bas !

Identifier les sources de distraction

Les sources de distraction sont nombreuses. Savoir à quoi nous devons faire face sera d'une très grande utilité !

• Bonnes et mauvaises habitudes

À partir de : 5-6 ans.

Bénéfice : sortir du mode « automate » et pouvoir décider de se concentrer sur ce qui est important !
Les habitudes constituent l'une de ces forces qui peuvent nous faire perdre l'équilibre de l'attention. Certaines sont utiles, voire indispensables, par exemple celles qui permettent notre sécurité (regarder avant de traverser une route, se tenir suffisamment éloigné d'une cheminée à foyer ouvert…). En revanche, d'autres sont plus nuisibles, comme le fait de se laisser distraire en classe au moindre bruit. Faites l'inventaire avec votre enfant des habitudes qui sont importantes à garder et de celles qui parasitent son attention.

Exemple : la télévision est allumée. Le programme n'intéresse pas particulièrement votre enfant, qui joue avec son jeu préféré dans la même pièce ; pourtant, son regard est irrésistiblement attiré par l'écran. Signalez-lui qu'il ne peut s'empêcher de regarder la télé alors que ses jouets lui plaisent beaucoup plus. Aidez-le à décider où il souhaite diriger son attention.

• La sensibilité propre à l'enfant

À partir de : 5-6 ans.

Bénéfice : se connaître de mieux en mieux pour agir.

Certains enfants se laisseront plutôt distraire par des sons, d'autres par des images et d'autres encore par leur besoin de mouvement. Réfléchissez avec votre enfant, après une journée d'auto-observation, sur sa propre tendance, en l'invitant ainsi à orienter sa vigilance sur ce point.

Exemple : la curiosité de Corentin le pousse à se retourner dès qu'il entend un bruit dans la classe pour voir ce qui se passe. Il a tendance à être sensible au bruit. L'aider à comprendre que les bruits sont une source de distraction lui permettra d'être plus vigilant sur ce point particulier pendant quelques jours, et ainsi d'ancrer une nouvelle habitude ! Pourquoi ne pas en profiter pour l'aider à renforcer ses « capacités visuelles » avec les activités proposées p. 53 ?

Au quotidien : s'entraîner !

Maintenant que les parasitages sont identifiés et mieux gérés, l'enfant pourra entraîner son attention au travers de multiples activités.

Cultiver l'attention

À partir de : 4 ans.

Bénéfice : entraîner son attention de manière variée et ludique.

Voici différentes manières de cultiver l'attention de votre enfant à travers le jeu, le mouvement, l'immobilité. Variez les plaisirs et prenez quelques minutes chaque jour pour l'entretenir !

- Mandalas et labyrinthe (p. 53)
- Jeux des 5 sens (p. 54)
- Bouger (p. 54)
- Balade nature (p. 55)
- Méditer (p. 55)

Voici en bonus certains jeux qui demandent énormément d'attention !

Dès 3 ans

- **Memory®** : attention, concentration et mémorisation sont au maximum.

À partir de 4 ou 5 ans

- **Ni oui ni non,** en essayant de répondre le plus rapidement possible…
- **Au marché :** jeu oral à jouer à plusieurs. On choisit une lettre par tour. Avec le *p*, par exemple, le premier joueur dit : « Au marché ce matin, j'ai acheté des pommes… » Le suivant reprend la phrase

et ajoute un fruit, un légume ou un objet commençant par *p* : « Au marché ce matin, j'ai acheté des pommes et des poires. » Le suivant : « Au marché ce matin, j'ai acheté des pommes, des poires et un panier. » Et ainsi de suite jusqu'à ce que quelqu'un se trompe.

- **Bazar Bizarre® (Gigamic) :** excellent jeu d'attention et d'observation avec des pièces en bois et des cartes.

Complimenter et valoriser

À partir de : 3-4 ans.

Bénéfices : renforcer l'estime de soi de l'enfant et la qualité de la relation.

N'oubliez pas de soutenir votre enfant tout au long de ce parcours en le complimentant (voir p. 33), pour qu'il prenne conscience de sa progression. Les émotions positives qu'il ressentira en lien avec ces valorisations lui permettront de persévérer.

L'autonomie à l'école

L'école est un domaine dans lequel nous souhaitons voir nos enfants réussir. Nous voulons qu'ils comprennent son importance pour leur vie future. C'est pour cela qu'elle est source de tant de conflits avec les enfants : plus l'enjeu est important, plus la pression est grande. Voici quelques pistes pour aider les enfants à être plus autonomes à l'école et pour ne plus forcément stigmatiser les « mauvaises notes ». Rappelez-vous toutefois que, pour qu'un enfant soit autonome à l'école, il doit d'abord l'être au quotidien.

Bon à savoir : les 5 raisons des mauvaises notes

1. Travail non fait ou mal fait.
2. Mauvaise compréhension de la leçon.
3. Mauvaise compréhension de la consigne, de l'énoncé.
4. Manque de concentration.
5. Stress aigu (blocage devant la page blanche, trou noir).

Le droit à l'erreur

Qui n'a jamais entendu l'histoire de Walt Disney, qui a été renvoyé d'un journal parce qu'il manquait d'imagination et de créativité ? Ou celle de J.K. Rowling, l'auteure des « Harry Potter », qui s'est vu refuser ses manuscrits par de nombreux éditeurs avant d'être enfin publiée et de devenir milliardaire ? Leur point commun ? Avoir su se relever après être tombé ! Échouer fait partie du processus d'apprentissage, se relever aussi. Peut-être pourrions-nous voir les résultats scolaires de nos enfants non pas comme le reflet uniquement de leur travail, mais comme

la photographie à un instant *t* de leurs connaissances et de leur compréhension dans le but de cibler pour eux des pistes d'amélioration plutôt que de souligner leurs « défaillances » ?

Apprendre efficacement

Pour apprendre efficacement, il existe des techniques qui favorisent la mémorisation et l'appropriation des informations. On apprend avec sa tête, son corps et son cœur. Plus tout cela est aligné, mieux cela fonctionne !
Bouger d'abord, le mouvement étant essentiel, et le Brain Gym © le permet de façon encore plus constructive. Les cartes mentales permettent quant à elles de structurer et de retenir les informations de façon plus efficace.

Le Brain Gym©

Cette méthode, composée de 26 mouvements, a été mise au point il y a quarante ans par Paul Dennison, médecin californien, qui considérait que le mouvement est à la base de l'apprentissage. Cette « gymnastique » est reconnue pour améliorer l'attention, la concentration, la mémoire et même la motivation.

Le 8 couché

À partir de : 5-6 ans.

Bénéfice ? L'amélioration de l'équilibre, de la coordination et de la concentration. Il permet un travail des yeux en lien avec le mouvement.

Comment ? Mettre son bras devant soi, pouce tendu vers le haut. Tracer ensuite lentement un grand huit couché avec le pouce en le suivant des yeux. En démarrant le 8 en haut et à votre gauche, faites le mouvement 3 fois avec la main gauche, 3 fois avec la main droite et 3 fois avec les 2 mains.
Vous trouverez facilement l'ensemble de la méthode sur Internet pour varier les mouvements : http://www.braingym.fr

Les cartes mentales

C'est dans les années 1970 que le psychologue et mathématicien anglais Tony Buzan a créé le concept de *mind map* tel que nous l'utilisons aujourd'hui.

À partir de : 6-7 ans.

Bénéfice ? Grâce à une présentation en arborescence, il va être plus facile pour notre cerveau d'organiser l'information, et donc de la mémoriser.

Comment ?

1. Noter le sujet principal au centre d'une page.
2. Au brouillon, lister les mots-clés et les notions importantes comme elles viennent.

3. Organiser toutes ces notions en branches autour du sujet principal pour classer les idées importantes. On peut se servir de couleurs, d'images…

Il existe des cartes mentales toutes prêtes sur de nombreux thèmes en libre accès sur le Net. Elles peuvent vous aider pour commencer. En revanche, rien n'est plus efficace que la construire soi-même. Aidez votre enfant à en comprendre le principe pour créer ses propres cartes mentales, car tout le travail d'élaboration participe à la compréhension et à la mémorisation.
Par exemple, voici une carte pour un enfant en CE1 qui apprend ce que sont les noms.
En bonus, vous trouverez p. 87 une carte mentale qui résume les points clés de ce P'tit Cahier.

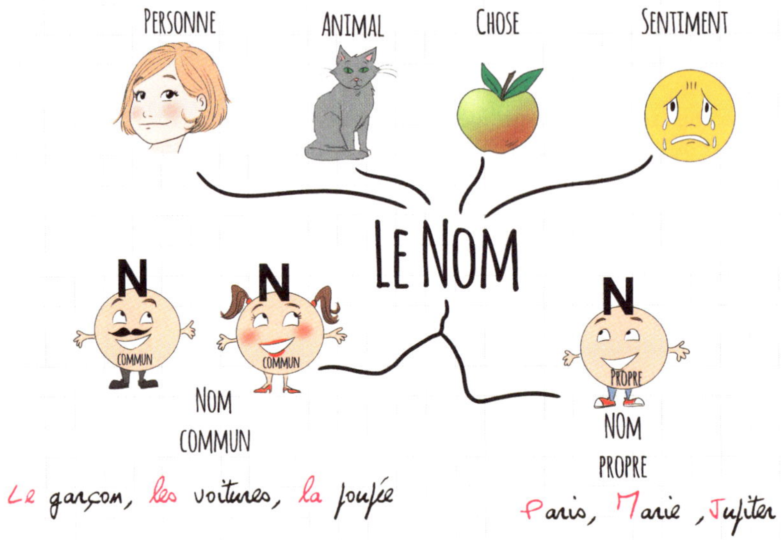

La technique du VAK (visuel, auditif ou kinesthésique) : j'aide mon enfant à apprendre plus facilement ses leçons

Nous ne privilégions pas tous les mêmes mécanismes pour apprendre. Cela dépend de notre profil et de notre façon de voir le monde. Selon le canal d'apprentissage préférentiel de votre enfant, certains moyens de mémorisation seront plus efficaces que d'autres quand il travaillera ses leçons.
Dans tous les cas, notez que plus on utilise de canaux sensoriels dans un apprentissage et plus on mémorise. Inutile de se cantonner à une seule façon d'apprendre, n'hésitez pas à varier les plaisirs !

Quel VAK ?	Comment savoir ?	Comment l'aider à apprendre ?
Visuel	L'enfant voit des images ou des films dans sa tête. Ses cahiers sont plutôt bien tenus. Il a besoin d'écrire pour apprendre. Il fait de grands gestes. Son débit de parole est rapide.	Schémas, dessins. Cartes mentales. Repères de couleur dans les leçons (souligné, surligné). 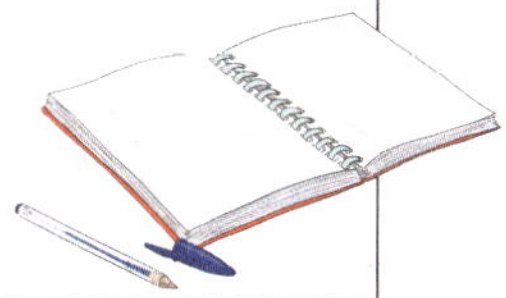
Auditif (ou verbal)	L'enfant entend dans sa tête la voix de l'enseignant, ou se parle dans sa tête. Ses cahiers sont plutôt brouillons. Il est sensible au bruit. Ses gestes sont plus bas, lents et posés.	Enregistrer les leçons. Réciter, répéter à voix haute. Échangez oralement sur la leçon en posant des questions.
Kinesthésique	L'enfant est connecté à ses ressentis : mouvements, sensations. Il aime toucher, bouger Ses gestes sont bas.	Le laisser bouger pendant qu'il travaille (à la maison). Le laisser écrire debout. Faire des liens entre l'apprentissage et la « vraie vie ». Le faire réciter en bougeant : en marchant, en faisant du trampoline…

Bien faire ses devoirs dans le but d'acquérir plus d'autonomie

Les devoirs… corvée des enfants ou des parents ? C'est le sujet de discorde à l'entrée en primaire. Entre le manque de motivation et le manque de temps, cela finit souvent en guerre ou en pleurs… Vous rêveriez que vos enfants gèrent leurs devoirs de manière responsable, qu'ils sachent s'y mettre et n'aient besoin de vous que lorsqu'ils rencontrent une difficulté ?

Créer un rituel « devoirs » constructif peut considérablement aider vos enfants à être plus autonomes. Donnez-leur ces bonnes habitudes dès leur entrée au CP, bien qu'il ne soit jamais trop tard pour s'y mettre !

Les devoirs en 4 étapes

1. Créer un environnement propice

- Éliminez les perturbations inutiles, comme les bruits.
- Prévoyez un espace de travail rangé et aéré.

2. Préparer le corps et l'esprit

- Faites boire un verre d'eau à votre enfant.
- Prenez le temps tous les deux de respirer calmement et profondément.
- Faites-lui faire quelques mouvements de Brain Gym©.
- Sentez-vous prêt et détendu avant de commencer…

3. Se mettre en projet

- Lisez l'ensemble des devoirs à voix haute.
- Laissez l'enfant choisir l'ordre dans lequel il souhaite les faire.
- Décider d'une activité agréable à faire une fois les devoirs finis.

4. Prêter attention au temps

- Pour les jeunes enfants, les devoirs ne doivent pas excéder 30 minutes.
- Si cela devait être le cas, malheureusement, pensez à faire une pause de 5 minutes toutes les demi-heures, en bougeant, en respirant bien… mais sans écran !

Au terme de ce chapitre, vous êtes mieux équipé pour faciliter les apprentissages de votre enfant, et donc favoriser son autonomie ! Pour soutenir cette voie, vous allez découvrir dans le chapitre suivant des astuces pour l'autonomie au quotidien et pour toutes les questions que les parents se posent autour de l'argent de poche, des sorties, des conflits et du sens des responsabilités.

Chapitre 4

L'autonomie au quotidien

C'est à la maison que commence le chemin de l'autonomie, au sein de la vie quotidienne et de ses multiples petites situations ou choses que l'enfant doit apprendre à gérer par lui-même. Alors, quel est l'état d'esprit qui va favoriser l'autonomie de votre enfant dans ces gestes de tous les jours, et quel est l'environnement qui lui sera le plus favorable ?

Au cours d'une journée type, mettez en place des rituels quotidiens, des adaptations dans l'environnement et des stratégies vous permettant d'accompagner un peu plus chaque jour l'autonomie de votre enfant. Le programme final vous accompagnera pour développer des points précis autour de l'autonomie de votre enfant en 6 étapes.

Une journée type pour développer l'autonomie de mon enfant au quotidien

Chaque journée apporte son lot de défis et d'actions que les enfants apprennent à faire de façon autonome. Tous les petits détails seront d'un grand soutien dans le développement de l'autonomie de votre enfant. Prenez ainsi conscience de tout ce qu'il doit acquérir pour vous sentir plus équipé dans votre accompagnement sur ce chemin.

Tout commence le matin !

Et si vous utilisiez la check-list du matin ?

Pour faire le point sur ce moment essentiel de la journée, identifier les acquis de votre enfant et l'aider à développer son autonomie, observez-le bien chaque matin dans un premier temps. Ensuite, reportez-vous au petit test ci-dessous en répondant par « oui » ou par « non »…

	Il sait faire seul	Il le fait seul	Il ne sait pas encore faire	Je le fais pour lui ou je l'aide
Se lever à la bonne heure le matin				
Faire son lit				
Aller aux toilettes				
Préparer son petit déjeuner				
Débarrasser le couvert de son petit déjeuner				
Faire sa toilette				
Choisir ses vêtements				
S'habiller				
Réunir les affaires dans son cartable				
Préparer son goûter				
Gérer les petites disputes et les désaccords avec ses frères et sœurs				
Autre…				

Si votre enfant sait faire quelque chose qu'il ne met pas encore en place (comme enfiler ses gants seul), il va avoir besoin de votre soutien et de vos encouragements (voir p. 33), mais aussi peut-être de quelques aménagements ou astuces pour lui faciliter la tâche.
S'il ne sait pas encore le faire de façon autonome, reportez-vous aux parties qui suivent et qui vous concernent !

Au réveil

À moins que votre enfant ne soit un lève-tôt qui n'a besoin de personne pour être en pleine forme dès 6 heures du matin, vous bataillez peut-être chaque matin pour qu'il se lève à l'heure. Même si vous adorez venir le réveiller d'un tendre baiser sur sa joue encore toute chaude, un enfant peut se lever seul dès le CP.

- **Dès l'entrée en maternelle,** vous pouvez lui fournir un réveil adapté (certains permettent de visualiser le jour et la nuit) ; il lui sera plus facile de se préparer à se lever.

- **À l'entrée en primaire,** et avec l'acquisition des chiffres, le rapport au temps est plus facile à appréhender… N'hésitez pas à programmer ensemble un réveille-matin pour son lever.

On fait son lit !

Si vous souhaitez que votre enfant fasse son lit chaque jour, préférez le côté pratique de la couette plutôt que le combo drap-couverture.

Aux toilettes…

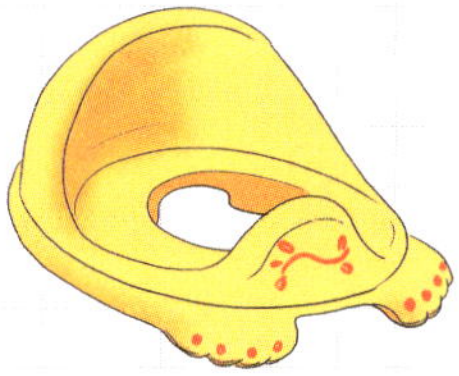

Pour que votre enfant s'installe seul sur les WC prévus pour les adultes, prévoyez un réducteur de toilettes ; cet accessoire permettra à ses petites fesses d'être soutenues correctement en attendant le moment où il sera assez grand pour utiliser la lunette classique. On n'y pense pas toujours, mais une mauvaise position forcera inutilement sur le périnée, alors qu'une bonne position facilitera les fonctions d'élimination.

Le petit déjeuner

Qui prépare le petit déjeuner chez vous ? Est-ce que le nécessaire est accessible aux enfants ? Dès 3 ou 4 ans, parfois même avant, les enfants peuvent s'investir et participer à ces moments familiaux. Progressivement, vers 8 ans, votre petit devrait pouvoir préparer son petit déj' de A à Z !

Si cela est possible, mettez à la hauteur de l'enfant ce dont il pourrait avoir besoin, la vaisselle qui le concerne par exemple. Laissez-le utiliser de la « vraie » vaisselle si possible, celle qui peut se casser (sans être précieuse, bien sûr)… S'il y a de la casse, cela enseignera à l'enfant la notion de cause à effet : le verre tombe, il se brise et il faut nettoyer. L'enfant devient alors plus précautionneux avec le temps.

Laissez-le aussi avoir accès au lave-vaisselle pour qu'il puisse aider à débarrasser la table, en lui expliquant au préalable comment agencer la vaisselle à l'intérieur : place des verres, des bols, des couverts et des assiettes. Prévoyez un marchepied pour qu'il puisse accéder à l'éponge et au robinet. Ainsi, tout sera à sa portée pour qu'il puisse se débrouiller tout seul.

On se prépare pour la journée

À chaque famille son fonctionnement ! Dans certaines, on prépare tout la veille, aussi les enfants n'ont, le matin, qu'à enfiler la tenue préparée (voir p. 78) et à attraper leur cartable, déjà prêt. Pour d'autres, c'est la course du matin, entre le choix des vêtements, la toilette, la vérification du cartable, les mots de la maîtresse à signer, le goûter à préparer…

Dans tous les cas, l'objectif ici est que l'enfant puisse se débrouiller seul le plus facilement possible. Il s'agit aussi de vous rendre compte de ce que vous faites à sa place. Si, dès que votre enfant peine à enfiler un vêtement, vous volez à son secours en le faisant pour lui, vous ne lui facilitez pas le chemin de l'autonomie !

Un environnement adapté, c'est mieux !

Il s'agit encore une fois de rendre accessibles les objets du quotidien dont l'enfant a besoin. Dans la salle de bains, rangez ses affaires dans un meuble bas pour qu'il les attrape facilement et, si sa taille ne permet pas à votre enfant d'atteindre le robinet du lavabo, prévoyez un marchepied. Et dans sa chambre, pourquoi ne pas installer une penderie à sa hauteur pour qu'il puisse disposer de ses vêtements et apprendre à s'habiller en fonction de la météo !

Le choix des vêtements, un espace de liberté

Laissez votre enfant expérimenter ! S'il n'est pas habillé assez chaudement, proposez-lui de faire quelques pas à l'extérieur dans cette tenue pour ressentir si cela convient ou pas. Si toutefois votre enfant s'obstinait avec une tenue qui ne serait pas de saison, n'hésitez pas à ajouter un pull dans son sac. Vous pouvez aussi faire en sorte qu'il n'ait que des vêtements de saison dans son placard.
L'habillement est un véritable espace de prise d'autonomie et de liberté. Dès 4 ou 5 ans, les enfants peuvent choisir leurs vêtements. Il ne nous est alors pas toujours facile de respecter leurs choix – surtout quand le résultat est… bariolé –, mais l'enfant apprend ainsi à développer ses goûts et son autonomie.

Les rituels en mode power !
Si le matin est une course minutée chez vous, pensez à préparer le maximum de choses la veille au soir en créant un rituel (voir p. 78) : il rendra vos matins plus faciles à vivre !

Après l'école

La check-list après l'école

Pour faire le point sur ce moment de la journée et identifier les acquis que votre enfant doit encore développer, remplissez le tableau ci-dessous en répondant par « oui » ou par « non », puis reportez-vous aux parties qui suivent et qui vous concernent.

	Il sait faire	Il le fait seul	Il ne sait pas encore faire	Je le fais pour lui
Gérer son argent de poche ou la monnaie pour faire une course				

	Il sait faire	Il le fait seul	Il ne sait pas encore faire	Je le fais pour lui
Ranger son manteau et ses chaussures				
Faire ses devoirs				
Penser à vous montrer les mots du maître à signer				
Être raisonnable avec les écrans				
Prendre sa douche ou son bain				
Se sécher				
Se mettre en pyjama				
Ranger ses jouets				
Autre…				

De retour à la maison…

N'hésitez pas à créer des rituels : les enfants aiment ces repères, notamment l'ordre dans lequel on fait les choses au retour de la maison. Cela dépendra en grande partie de votre rythme de vie et du temps dont vous disposez le soir, qui est fonction des activités qu'il reste à faire.

Si vous rentrez vers 18 heures, vous pouvez par exemple établir une liste comme celle-ci :

1. On range le blouson et les chaussures.
2. On fait les devoirs (30 minutes).
3. 30 minutes d'écran (jeux vidéo ou télévision).
4. On s'accorde un moment de jeu.
5. On fait sa toilette.

Le rituel qui conviendrait à votre famille

1. ....
2. ....
3. ....
4. ....
5. ....

Blousons et chaussures

Nombreux sont les parents qui se plaignent des manteaux, des chaussures et autres sacs qui envahissent l'entrée de la maison en fin de journée. Afin de faciliter le rangement, installez une patère à la hauteur de l'enfant dès qu'il a 2 ou 3 ans, ainsi qu'un petit banc pour qu'il puisse s'asseoir pour se chausser ou se déchausser, et ranger ses chaussures.

Les devoirs

Si vous avez ritualisé le retour à la maison, votre enfant peut, dès le CP, s'installer et se mettre au travail (voir p. 68). Il aura encore besoin de votre présence, bien évidemment, mais il pourra progressivement faire ses devoirs seul.

Les temps d'écrans

• On se responsabilise en famille !

Dès que votre enfant commence à « consommer » des écrans, il est nécessaire de poser des règles pour réguler le temps passé devant. Cette régulation passe par la durée, mais elle prend aussi en compte le contenu des programmes et le comportement de l'enfant. Il est de votre responsabilité de lui proposer des émissions ou des jeux adaptés à son âge en ne le laissant pas libre de zapper à sa guise. Pensez également à installer un contrôle parental sur les tablettes car, de lien en lien, les images non appropriées arrivent très vite…

Astuce : le *time timer*

« Tu éteins la télé dans 5 minutes ! » Cette phrase ne veut pas dire grand-chose pour un enfant avant ses 6 ou 7 ans. De toute façon, il ne se rend pas compte du temps qui passe car il est hypnotisé par l'écran. Avec le *time timer* et la surface de rouge qui diminue, il se rendra bien mieux compte du temps qu'il lui reste.

Par ailleurs, si un dessin animé ou un jeu vidéo provoquent des réactions inappropriées chez votre enfant, comme de l'anxiété ou de l'agressivité, il est essentiel de faire le point avec lui, voire de lui interdire le programme…

• Savoir dire STOP !

Alors qu'il joue sur son jeu vidéo préféré, votre enfant s'énerve de plus en plus, jusqu'à devenir grossier ou furieux. Dans ces cas-là, un stop pur et simple s'impose. Attendez-vous à une réaction émotionnelle importante à la suite de l'interruption. Montrez cependant à votre enfant que l'état dans lequel il se met devant l'écran n'est pas acceptable. Il s'agit d'un loisir, et le but d'un loisir n'est pas de nous mettre dans tous nos états. Tant qu'il ne saura pas mieux gérer ses réactions, restez ferme…

Les temps de jeux

La chambre d'un enfant, c'est son espace personnel. Plus les lieux sont aménagés en fonction de sa taille et de ses besoins, plus il se débrouille seul et apprécie d'y passer du temps en jouant, tout en rangeant plus facilement l'endroit !

La quantité parfois colossale de jouets que possèdent les enfants est le pire ennemi de l'ordre… Comment s'y retrouver ? D'abord en prenant garde à la quantité. Quand il y a trop de jouets, cela favorise le désordre et rend le rangement difficile ! Mais ce ne sont pas les seuls inconvénients : en effet, l'enfant peut avoir beaucoup de difficulté à jouer dans une chambre trop encombrée. Pour faciliter le rangement, une solution simple : préparer des caisses ou des cubes à encastrer avec des pictogrammes ! Quand chaque chose est à sa place, cela donne plus d'espace pour jouer et plus de facilité à sortir les jouets qui font envie !

Des idées pour trier

- Régulièrement, faites un point avec votre enfant pour trier l'ensemble de ses jouets…
- Enlevez tout ce qui est abîmé, cassé ou incomplet : cela peut être l'occasion de bricoler pour réparer ou de se sensibiliser au recyclage.
- Enlevez les jeux et les jouets dont il ne se sert plus (par perte d'intérêt ou qui ne sont plus de son âge) : vous pouvez soit les mettre de côté un moment, soit les donner, cela initiera votre enfant au partage.
- Créez des lots de jouets (par exemple, un lot de quelques figurines, un autre comprenant une ou deux peluches et quelques livres, une caisse de jeux variés…). Faites tourner les lots régulièrement (toutes les semaines ou toutes les quinzaines), cela maintiendra l'intérêt de l'enfant pour le jeu.

La douche ou le bain

- Dès que votre enfant a 3 ou 4 ans, vous pouvez commencer à le laisser seul quelques instants (tout en prêtant l'oreille, quand même), après avoir établi les règles de sécurité de la salle de bains en lui montrant que les objets glissent sur la faïence et que le robinet peut délivrer de l'eau brûlante. À cet âge-là, l'enfant peut faire sa petite toilette seul avec un gant.
- Dès ses 6 ans, votre enfant peut prendre sa douche seul (il se débrouille en général comme un chef, et seules les petites filles aux cheveux longs auront encore besoin d'aide pour bien se rincer la tête).
- À 8 ans, et après un apprentissage progressif, l'enfant doit pouvoir gérer complètement seul sa toilette, et ainsi préserver son intimité et sa pudeur, souvent grandissante à cet âge-là.

La question de l'argent de poche

Vous devez faire quelques emplettes en famille avant de rentrer, or boulangerie et supérette sont des lieux remplis de tentations pour nos chers petits. Ils réclament quelque chose, nous refusons le plus souvent et cela tourne vite au drame. Avez-vous déjà pensé à le responsabiliser avec de l'argent de poche ? Cela nous pose souvent question. Faut-il en donner ? Quelle somme ? À quelle fréquence ? Pour quels types de dépenses ? Voici des pistes pour vous aider à y voir plus clair et à définir le fonctionnement qui vous convient le mieux.

C'est à partir du CP que les enfants commencent à maîtriser les chiffres et les additions. Avant cela, il est un peu tôt pour leur donner de l'argent régulièrement. Quand ils ont entre 6 et 7 ans, une somme mensuelle n'est pas toujours adaptée, car il leur est encore difficile de gérer leurs dépenses sur une si longue période. Jusqu'à leurs 8 ans, préférez leur donner des petites sommes hebdomadaires.

En pratique…

Une fois déterminée la fréquence à laquelle vous allez donner de l'argent de poche à votre enfant, reste à en déterminer le montant et à décider ce qu'il va pouvoir acheter avec cet argent. Certains parents refusent que leur enfant achète des bonbons par exemple… À vous de voir ce qui vous convient. Cependant, n'oubliez pas qu'il s'agit de son argent et que, si votre but est de le rendre autonome, mieux vaut ne pas être trop restrictif. Par ailleurs, faites en sorte que cet argent ne devienne jamais un moyen de chantage (une autre manière de renforcer les conflits de pouvoir…).

Évitez également de le rétribuer pour l'aide qu'il fournit à la maison, qui est surtout le reflet de sa participation à la vie de famille.

De 1 à 3 euros par semaine peuvent parfaitement faire l'affaire jusqu'à ses 8 ans.

L'aider à gérer

Au début au moins, il ne faudra pas le laisser sans conseil avec sa « petite fortune », au risque que cela ne devienne un sujet de conflit. Même s'il serait contre-productif de lui dire ce qu'il doit faire de son argent, aiguillez-le un peu. Aidez-le à prendre conscience de ce qu'il peut s'offrir là, tout de suite, ou dans 15 jours s'il économise. Évitez également de « lui faire crédit », cela lui donnerait de mauvaises habitudes. Il vaut mieux qu'il apprenne dès le début à dépenser de l'argent qu'il possède « en vrai ».

Les avantages ?

L'argent de poche comporte plusieurs avantages… Tout d'abord, celui de permettre à l'enfant de prendre conscience de la valeur de l'argent. Si votre fille a droit à 2 euros par semaine et qu'elle veut s'acheter une poupée à 15 euros, elle se rendra ainsi compte (avec votre aide) qu'il lui faudra 8 semaines d'économies pour se l'offrir ! Par la même occasion, elle mettra en pratique les savoirs mathématiques qu'elle apprend à l'école !

Bien sûr, cela confère davantage d'autonomie à l'enfant, qui peut s'acheter ce qui lui fait envie et qui est dans son budget, tout en lui montrant la confiance que vous lui accordez pour gérer son argent.

Le soir venu…

La check-list du soir

Pour faire le point sur ce moment de la journée et identifier les acquis restant à développer par votre enfant, remplissez le tableau ci-dessous en répondant par « oui » ou par « non », puis reportez-vous aux parties qui vous concernent ensuite.

	Il sait faire	Il le fait seul	Il ne sait pas encore faire	Je le fais pour lui
Participer à la préparation du repas				
Mettre la table				
Manger proprement à table				
Se servir à boire				
Débarrasser la table				
Se brosser les dents				
Aller se coucher				

Le dîner

Lorsque les tâches sont réparties, tout le monde peut profiter sereinement de la fin de la journée ! Comme pour le matin, si vous souhaitez que vos enfants mettent la table, faites en sorte que la vaisselle leur soit accessible ou sortez-leur les affaires nécessaires. Même les tout-petits peuvent mettre la main à la pâte, selon leurs possibilités.

Cuisiner avec vos petits chefs…

Prévoyez un marchepied tant que l'enfant n'a pas atteint la taille nécessaire pour accéder à l'évier ou au plan de travail. Il se lavera ainsi les mains plus librement et pourra participer aux activités de cuisine.
Il existe même pour cela des tours d'apprentissage très sécurisantes : elles permettent aux enfants, dès 2 ans, de cuisiner avec les adultes « comme des grands ». Vous en trouverez en vente sur Internet et, pour les plus bricoleurs, il existe des tutos très bien faits (voir le carnet d'adresses, p. 93).

À table !

Investissez dans une petite carafe en verre transparent que votre enfant aura à sa disposition dès ses 3 ans. Cela lui évitera d'avoir à vous demander de lui servir à boire à chaque fois qu'il a soif et l'entraînera à manier les objets, à affiner ses gestes.

Il en va de même pour le couteau (qui coupe, et non à bout rond), qui arrive souvent très tardivement sur la table des enfants par peur qu'ils ne se blessent, alors que, sous surveillance, les enfants peuvent s'en servir dès 4 ou 5 ans. Encore une fois, accompagnez votre petit dans son utilisation, en commençant par les choses simples à couper, comme les œufs au plat ou le steak haché.

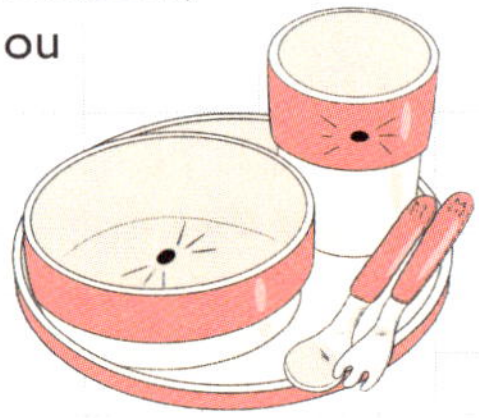

Même si, dès 4 ans, il peut manger relativement proprement avec ses couverts, il y aura encore des ratés pendant quelques années, notamment quand il s'agit de garder le pourtour de sa bouche propre jusqu'à la fin du repas !

Le rituel du soir

Créer votre rituel du soir comme pour le retour à la maison en fin de journée ! En prenant l'habitude de faire les choses toujours dans le même ordre, on n'oublie pas les étapes importantes et cela évite les conflits. Notre corps aussi aime les habitudes, on se préparera donc bien mieux au sommeil de cette façon.

- Adaptez ce rituel à l'âge de votre enfant. Pour les enfants en maternelle, pas de cartable à vérifier, vous pouvez donc vous en tenir au traditionnel « les dents, pipi, un câlin et au dodo ».
- Pour les enfants du primaire, vous pouvez ajouter la préparation de ses vêtements du lendemain et la vérification de son cartable.

Votre rituel du soir, étape par étape, pour un coucher serein

1. ....

2. ....

3. ....

4. ....

5. ....

Astuce : le bonhomme du lendemain
Le soir, préparez avec votre enfant sa tenue du lendemain. Vous pouvez regarder ensemble la météo et tenir compte des activités du jour (cours de sport, par exemple). Une fois la tenue complète préparée, vous pouvez la mettre à plat sur le sol de la chambre. Vous gagnerez ainsi du temps le matin, et éviterez bien des conflits !

Le coucher

Le rituel qui précède le coucher amène celui-ci tout en douceur et favorise son bon déroulement. C'est un moment particulier que d'aller se coucher, de se séparer et d'être dans l'obscurité. Bien des adultes sont aussi sensibles (et anxieux) à ce moment particulier. Aussi, si votre enfant a eu des contrariétés dans la journée, c'est au moment du coucher que ces petites tensions peuvent ressurgir.

Enfants de 4-6 ans, les enfants se relèvent souvent pour aller chercher (au choix) : un bisou, un câlin, un verre d'eau, un peu de votre attention… Il ne s'agit pas nécessairement d'un manque d'autonomie, mais plutôt de l'expression d'un stress, et donc d'un besoin d'apaisement. L'écoute active sera alors précieuse pour rassurer votre petit (voir p. 57).

La relaxation du soir : la magic bulle !

Pourquoi ne pas prévoir un petit temps de relaxation et de respiration pour apprendre aux enfants, quel que soit leur âge, à relâcher la pression et à se mettre dans des dispositions propices au sommeil ? Une fois l'histoire du soir lue et l'enfant confortablement allongé dans son lit, proposez-lui ce petit temps de relaxation, qui va l'aider à activer deux ressources importantes pour son endormissement : le calme et la sécurité.

1. Demandez-lui de fermer les yeux et de poser les mains sur son ventre. Laissez-le ressentir le mouvement de la respiration naturelle dans son ventre, qui monte à l'inspiration et s'abaisse à l'expiration.
2. Invitez-le à ressentir ce qui se passe dans son corps en en nommant certaines parties (le visage, les épaules, le ventre, les fesses), pendant 3 grandes respirations.
3. Ensuite, en faisant de grandes expirations profondes, aidez-le à imaginer qu'il gonfle une bulle de savon magique et multicolore qui va grandir jusqu'à l'englober tout entier pour le protéger durant la nuit.
4. Enfin, invitez votre enfant à s'endormir au creux de sa bulle magique, pleine de calme et de sécurité.

Pour les petits
Pour les plus petits (3-5 ans), « dessinez » dans l'air le contour de la bulle pour les aider à l'imaginer.

6 étapes pour coopérer avec mon enfant et développer son autonomie

Vous avez maintenant mis en place des stratégies favorisant l'autonomie de votre enfant (voir p. 37), et avez déjà dû remarquer des progrès !
Ce nouveau programme vous propose d'aller plus loin et d'impliquer davantage votre enfant, pour former avec lui une équipe de choc ! En lui donnant plus de responsabilités, vous verrez qu'il saura montrer sa créativité et sa motivation, sous votre regard bienveillant. En encourageant et en responsabilisant votre enfant en fonction de son âge et de ses capacités, vous lui offrez une stratégie efficace pour l'aider à grandir en autonomie et à résoudre de nombreuses difficultés du quotidien. Ce socle lui sera précieux toute sa vie pour oser, pour se sentir capable, pour se faire confiance et pour développer son libre arbitre !

Les clés de l'autonomie

Avant de vous lancer, garder toujours à l'esprit ces 4 clés…

Lui laisser du temps

Avoir le temps est une nécessité pour acquérir une compétence, et surtout pour la systématiser. Ce n'est pas parce qu'un enfant sait faire quelque chose qu'il saura la faire à chaque fois, du moins au début. Pour l'enfant, il s'agit de transformer ses savoirs et ses savoir-faire en réflexes, et cela nécessite de la répétition, de l'entraînement… et donc du temps et de la patience.

Dédramatiser les erreurs

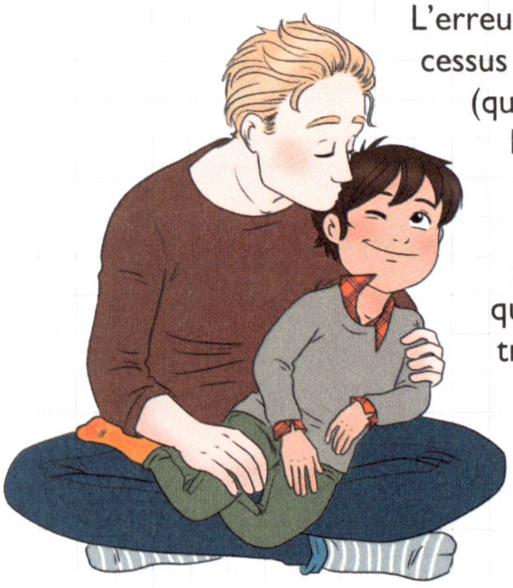

L'erreur et le manque de précision font partie intégrante des processus d'apprentissage, et il faut les dédramatiser auprès de l'enfant (que ce soit à l'école ou à la maison, pour arriver à faire son lit correctement, par exemple). Le regard que nous portons sur elles – les siennes et les nôtres – devant l'enfant est capital. Si nous nous montrons convaincus que les erreurs permettent d'apprendre, qu'elles servent à s'améliorer et qu'elles nous rendent plus forts, voire plus créatifs, nous transmettrons cette vision à nos enfants.

Avoir confiance en lui

Nous nous inquiétons souvent des acquisitions de nos enfants, surtout lorsqu'ils ne sont pas tout à fait dans les normes d'âge. Si notre petit dort encore dans le lit parental à 18 mois ou s'il rechigne à s'essuyer les fesses seul aux WC à 6 ans, cela nous préoccupe. Faisons preuve de lucidité : il va forcément y parvenir un jour ! Avoir confiance et le lui montrer, c'est primordial.

Le laisser expérimenter

Cette confiance nous permettra de laisser l'enfant expérimenter. Il vous appelle à chaque fois qu'il va aux toilettes ? Si vous l'aidez systématiquement, cela valide tacitement le fait qu'il n'y parvient pas seul. Montrez-lui votre confiance (en l'encourageant et peut-être en restant près de lui s'il le souhaite, au moins au début) et soyez juste présent tout en le laissant faire par lui-même.

Un point sur les âges de vos bambins

- **Enfants de 3-5 ans :** à cet âge, les acquisitions à faire sont si nombreuses ! Peut-être que votre petit est très compétent dans un domaine (par exemple, s'habiller seul), mais pas du tout dans les autres (penser à prendre son sac à doudous…). Gérez les priorités en travaillant d'abord sur ce qui génère le plus de conflits et/ou vous fait perdre le plus de temps. Et pour un moment, lâchez sur le reste !
- **Enfants de 6-8 ans :** normalement, votre enfant commence à se débrouiller seul pour de nombreuses choses du quotidien. La liste de ses acquis doit être longue, vous avez dû vous en rendre compte en lisant le déroulé d'une journée type. Il lui reste toutefois encore beaucoup à apprendre. Vous souhaitez qu'il se responsabilise davantage : qu'est-ce qui vous semble vraiment important ?

Etape 1 : fixez avec lui des objectifs

Une fois que vous avez ciblé précisément les acquisitions à faire, c'est le moment de vous entretenir avec votre enfant. Choisissez un moment calme et complice pour lui parler. Ce n'est pas lorsque son comportement vous horripile qu'il est à même d'entendre quoi que ce soit ! Veillez à formuler les choses de la façon la plus affirmative possible afin que ce soit clair pour lui. Ainsi, préférez lui dire « À table, on mange avec ses couverts ! » plutôt que « On ne mange pas avec les doigts ».

Par ailleurs, ayez un seul objectif à la fois pour être sûr qu'il se mette en place. Lorsque celui-ci deviendra automatique, vous pourrez ajouter un nouveau challenge ! Par exemple, « le mardi et le jeudi, tu restes au périscolaire de l'école et tu dois avoir ton goûter dans ton cartable. Je voudrais qu'à présent tu y penses comme un grand, c'est-à-dire que tu le prépares toi-même et que tu l'emportes sans que j'aie à te le rappeler. »

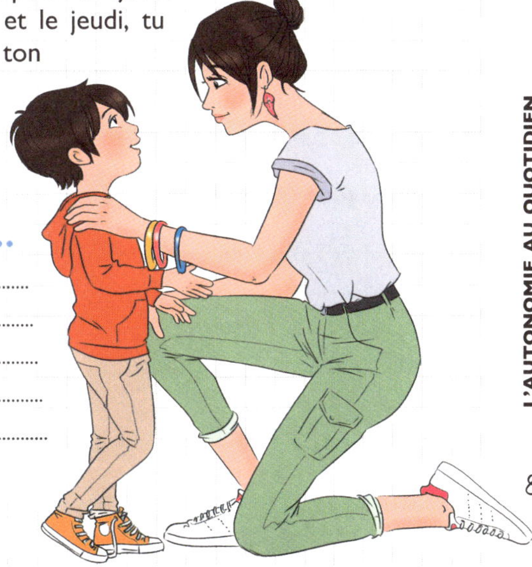

C'est à vous ! Notez vos objectifs…

....

....

....

....

....

- **Enfants de 3-5 ans :** les petits de cet âge sont vite distraits par ce qui les attire (comme jouer !) et par leurs émotions envahissantes. Soyez réaliste dans les objectifs que vous fixez à votre enfant et assurez-vous qu'il a bien compris ce que vous attendez de lui. Dans l'idéal, demandez-lui de reformuler votre demande pour vous assurer de sa bonne compréhension.

- **Enfants de 6-8 ans :** à cette période, ils aiment prendre de nouvelles responsabilités, même s'ils ont encore besoin de faire des petits retours en arrière, surtout lorsqu'ils sont fatigués. C'est ainsi que votre enfant vous demande parfois de l'aide pour enfiler son pull, alors qu'il sait parfaitement le faire. Plus l'objectif est clair et vérifiable, plus il saura lorsqu'il l'atteint et plus il pourra se sentir fier.

Etape 2 : activez ses ressources

Lorsque l'objectif est déterminé, reste à savoir comment s'y prendre pour l'atteindre. C'est le moment de se donner des clés pour développer une stratégie de réussite.
Des ressources, votre enfant en possède de nombreuses ! Soulignez la réserve de trésors qu'il a en lui, et pour cela rappelez-lui tout ce qu'il a déjà réussi par le passé : marcher, parler, s'habiller, se laver… Demandez-lui comment il va s'y prendre pour atteindre son objectif. Par exemple : pour penser à son goûter du mardi et du jeudi, il veut coller un planning derrière la porte d'entrée pour y penser avant de partir le matin.
Posez-lui des questions qui l'aideront à réfléchir : « Comment vas-tu te rappeler que l'on est mardi ? », « Es-tu sûr que ton goûter sera prêt au moment du départ si le planning est affiché sur la porte d'entrée ? » Plus il trouvera sa propre stratégie, plus il aura envie de s'y tenir. Adaptez également l'environnement pour lui faciliter la tâche (en faisant en sorte que les goûters soient accessibles, par exemple).

Sa stratégie

....

....

....

....

Ce que vous allez adapter dans l'environnement…

....

....

....

....

- **Enfants de 3-5 ans :** les rituels et les pictogrammes sont précieux pour les petits. Ils sont très utiles pour les routines du soir ou du matin (voir p. 36). On en trouve de nombreux exemples sur Internet.
- **Enfants de 6-8 ans :** quand l'enfant a 6 ans, on peut associer les pictogrammes aux mots pour encourager la découverte de la lecture. À cet âge, les enfants peuvent nous « bousculer » avec leur point de vue, souvent très personnel. Les enfants sont créatifs, et nos solutions ne sont pas forcément les leurs ! Restez ouvert aux propositions : ferme sur les besoins et souple sur les solutions pour y parvenir !

Étape 3 : encouragez-le

Les encouragements, surtout s'ils sont sincères et descriptifs (voir p. 33), vont soutenir votre enfant dans sa nouvelle acquisition. Vous pouvez valoriser ce qu'elle lui apporte et, pourquoi pas, ce que cela vous apporte à vous ou à la relation. Par exemple, s'il est responsable du choix de son goûter, vous pouvez souligner le temps que cela vous fait gagner pour faire autre chose, ou le fait que vous profitez de matins plus calmes.

Faites la liste des avantages de cette nouvelle acquisition !

Il n'est pas nécessaire de remplir toutes les cases du tableau ci-dessous… Un seul avantage, c'est déjà très bien ; s'il y en a plusieurs, c'est encore mieux !

Pour l'enfant	Pour le parent	Pour la relation

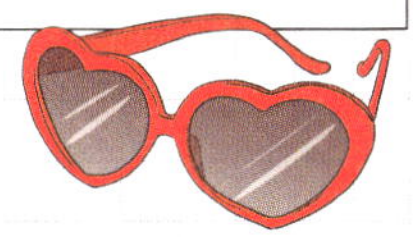

- **Enfants de 3-5 ans :** il y aura des ratés, c'est presque sûr ! Rappelez-leur l'importance des échecs et des erreurs, et le fait que plusieurs essais sont en général nécessaires.
- **Enfants de 6-8 ans :** afin d'éviter un conflit de pouvoir si tout ne se passe pas comme prévu, n'oubliez pas de chausser vos lunettes pour voir la vie en positif (voir p. 42), afin de ne pas se focaliser uniquement sur cet apprentissage.

Etape 4 : apprenez à relativiser !

C'est la persévérance de votre enfant plus que la perfection de ce qu'il entreprend qu'il est nécessaire de soutenir dans ses progrès vers l'autonomie ! La persévérance est une ressource importante pour apprendre et pour progresser. Si votre enfant ne progresse pas, peut-être n'est-ce pas encore le moment pour lui d'entreprendre seul telle ou telle chose. S'il est trop inconstant, il a peut-être besoin de plus de temps encore pour parvenir à être autonome dans une situation (voir p. 80).

2 questions pour relativiser

Si votre enfant n'atteignait son objectif que dans un an, quelles en seraient les conséquences ? Exemple : encore des disputes le matin…

....

....

....

....

Dans ce cas, qu'est-ce que ça changerait dans ma façon de faire aujourd'hui ? Par exemple, je lui demande de préparer son goûter la veille et de le mettre dans son cartable. C'est toujours moi qui lui permets d'y penser, mais c'est lui qui le prépare et ce ne sera plus un sujet de discorde entre nous à cause du rythme effréné dans notre organisation du matin.

....

....

....

....

- **Enfants de 3-5 ans :** ils ont tellement de choses à apprendre. À l'école, votre enfant découvre son nouveau métier d'élève et la vie avec ses camarades. Ce sont souvent les émotions, et surtout leur trop-plein, qui peuvent entraver l'autonomie. Les petits conflits avec les camarades, la frustration de devoir rester tranquille, les remontrances de la maîtresse ou l'ambiance surexcitée de la cantine font vivre à l'enfant, certaines journées, de véritables montagnes russes émotionnelles qui ne sont que très peu accueillies à l'école. Votre petit aura besoin de se sentir entendu, de recharger son réservoir d'amour pour être disponible aux apprentissages et arriver à se concentrer. Pour vous aider à accueillir ses émotions, pensez à l'écoute active (voir p. 57). Grâce à la reformulation, il se sentira entendu et pourra relâcher ses tensions.
- **Enfants de 6-8 ans :** là aussi, les émotions prennent de la place. Afin que votre enfant ne se dévalorise pas en cas d'échec, prenez le

temps d'écouter ses émotions et de faire le point avec lui sur les problèmes qu'il a rencontrés. Réfléchissez ensemble à ses difficultés et aux solutions possibles.

Etape 5 : responsabilisez-le !

Ce n'est pas toujours l'étape la plus facile car, parfois, pour l'aider à progresser dans sa prise d'autonomie et de responsabilité, il va falloir le laisser assumer les conséquences de ses actes ou de ses oublis. Rappelez-vous que les erreurs peuvent être parfois très pédagogiques. Tant que les conséquences ne mettent pas en péril la sécurité de votre enfant, osez le laisser en faire l'expérience. En revanche, il peut être intéressant que vous en mesuriez clairement les conséquences.
Par exemple, quand vous constatez qu'il a oublié son goûter, vous mourez d'envie de le lui rappeler (un bon parent ne laisse pas son enfant avoir faim !), mais réfléchissez un instant : rien ne dit qu'il ne mangera pas ! Il est probable qu'un copain ou une bonne âme à l'école lui donnera quelque chose à grignoter. Et si toutefois il n'avait rien à se mettre sous la dent ce jour-là, il y a de fortes chances pour qu'il pense à son goûter la prochaine fois !

- **Enfants de 3-5 ans :** soyez attentif à responsabiliser votre enfant selon son âge. S'il refuse de mettre son manteau, laissez-le faire l'expérience de sortir sans (tout en prenant ledit manteau avec vous). Laissez-lui l'opportunité de faire des expériences tout en assurant encore ses arrières !

- **Enfants de 6-8 ans :** n'hésitez pas à donner à votre enfant des petites missions qui l'aideront à grandir et à se sentir responsable. Choisir les fruits au marché, récupérer seul le courrier dans la boîte aux lettres… Par toutes ces petites actions, vous lui montrez que vous savez qu'il grandit et qu'il est capable de faire de plus en plus de choses tout seul.

Notez une situation où vous souhaitez aider votre enfant à se responsabiliser.

....

Quelles pourraient être les conséquences de ses erreurs ou de son oubli, selon le cas ?

....

Etape 6 : cultivez la confiance

Quoi qu'il arrive, échec ou réussite, restez confiant. La confiance et l'amour que vous témoignez à votre enfant l'aident à rester solide. Distinguez également capacités et compétences. Votre enfant est programmé pour être capable de se débrouiller et pour grandir ! Il en a toutes les capacités. En revanche, pour en acquérir la compétence au quotidien, il aura besoin de temps, d'entraînement, de motivation ou de compréhension des avantages que cela représente.

5 idées pour montrer à son enfant qu'on lui fait confiance

1. Lui accorder du temps de qualité.
2. Lui écrire des petits mots ou des dessins d'amour.
3. Valoriser ce qu'il fait d'agréable, de positif.
4. Lui dire votre amour et votre confiance.
5. Le regarder lorsqu'il demande votre attention (en lâchant vos écrans !).

- **Enfants de 3-5 ans :** le regard que vous portez sur votre enfant est très important pour lui. Un enfant demande souvent à être regardé (« Regarde maman ! »), il en a besoin pour valider sa réussite. Ne banalisez rien de ces micro-réussites du quotidien, elles nourrissent sa confiance pour lui permettre d'entreprendre toujours plus de nouvelles aventures !
- **Enfants de 6-8 ans :** profitez du fait qu'il commence à lire et à écrire pour lui laisser des petits mots qu'il pourra conserver dans une boîte. Et pourquoi ne pas remplir ensemble une boîte pleine de petits papiers où sont inscrites ses multiples réussites, en pensant à l'alimenter à chaque nouvelle acquisition ?

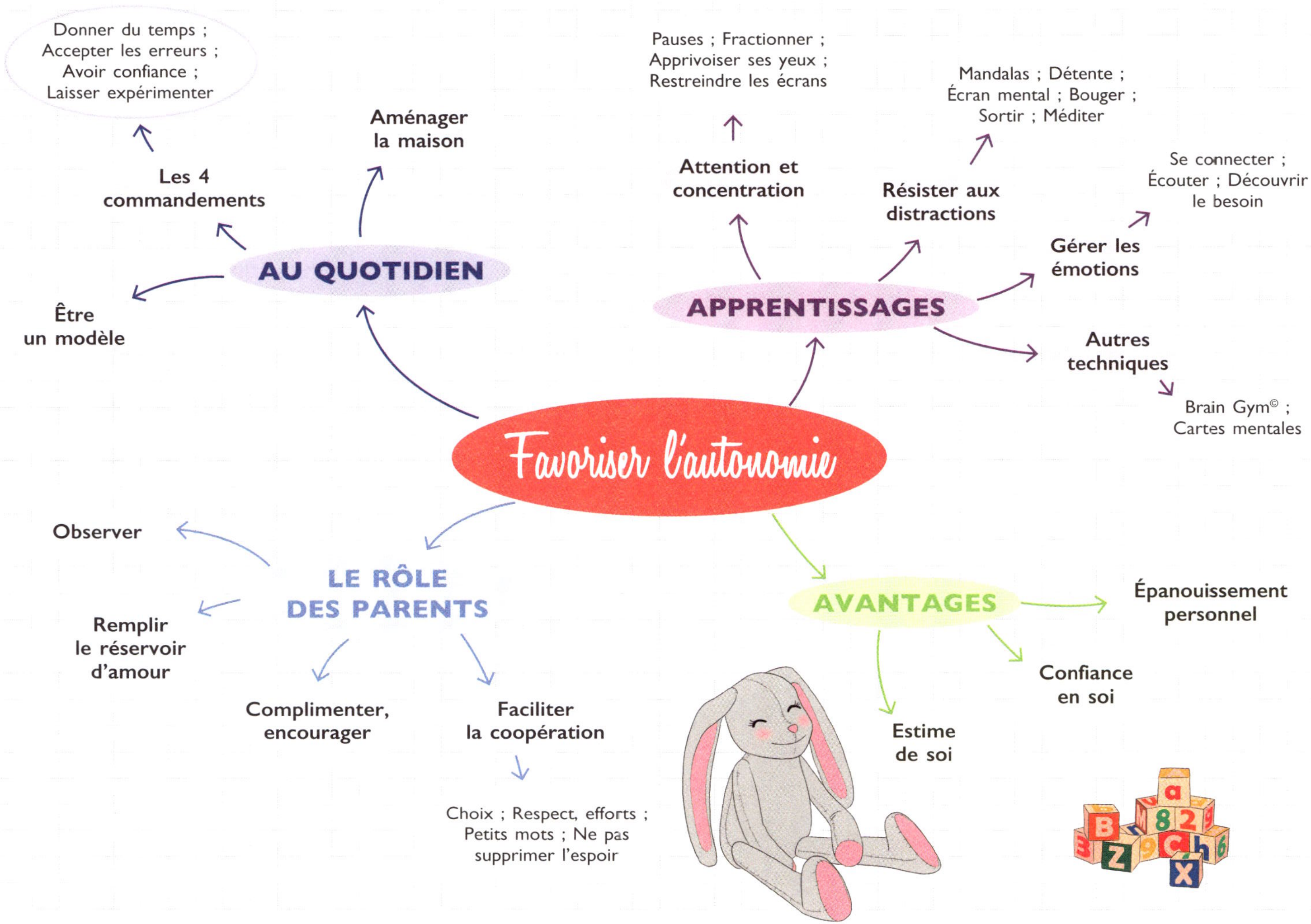
Favoriser l'autonomie
AU QUOTIDIEN
Aménager la maison
Les 4 commandements
Donner du temps ; Accepter les erreurs ; Avoir confiance ; Laisser expérimenter
Être un modèle
APPRENTISSAGES
Attention et concentration
Pauses ; Fractionner ; Apprivoiser ses yeux ; Restreindre les écrans
Résister aux distractions
Mandalas ; Détente ; Écran mental ; Bouger ; Sortir ; Méditer
Gérer les émotions
Se connecter ; Écouter ; Découvrir le besoin
Autres techniques
Brain Gym© ; Cartes mentales
LE RÔLE DES PARENTS
Observer
Remplir le réservoir d'amour
Complimenter, encourager
Faciliter la coopération
Choix ; Respect, efforts ; Petits mots ; Ne pas supprimer l'espoir
AVANTAGES
Épanouissement personnel
Confiance en soi
Estime de soi

Conclusion

C'est un si long chemin que celui de l'autonomie... Chez les mammifères, le petit humain est celui qui naît le plus immature et qui a besoin du temps le plus long pour être autonome. Par conséquent, l'enfant a longtemps besoin du soutien parental, bien que ce dernier doive s'adapter aux progrès constants et aux besoins de l'enfant. En ce sens, il est difficile de toujours bien doser ses interventions !

Grandir, pour un enfant, c'est gagner de plus en plus de contrôle sur sa propre vie, de ses premiers pas à ceux qui le conduisent hors de la maison. À partir des incroyables capacités de votre enfant, vous pourrez lui offrir le cadre adapté au développement des milliers de compétences qu'il va devoir acquérir.

Voir son enfant grandir, pour un parent, c'est lâcher prise sur son propre désir de contrôle afin de le céder progressivement à l'enfant lui-même dans tous les aspects de sa vie. En fonction de notre tempérament, cela peut constituer une difficulté ou une richesse...

À présent, vous voilà équipé pour créer un environnement matériel et relationnel qui favorisera cette croissance. Convaincu et confiant, vous serez plus à même de laisser votre petit se développer à son rythme, sous votre regard bienveillant et sécurisant.

C'est une grande aventure que d'accompagner ses enfants sur ce chemin. Comme toute aventure, certains moments sont exaltants et nourrissants, et d'autres fatigants ou décourageants. N'oubliez pas de prendre soin de vous pour tenir sur la durée ! En bonus, c'est aussi l'opportunité d'apprendre beaucoup, tous ensemble !

Ne perdez jamais de vue votre objectif : celui d'équiper votre enfant pour qu'il se débrouille dans les principales tâches de la vie, qu'il entretienne des relations saines, solides et fiables, et qu'il soit responsable et épanoui, même si, pour cela, il prend un chemin différent du vôtre.

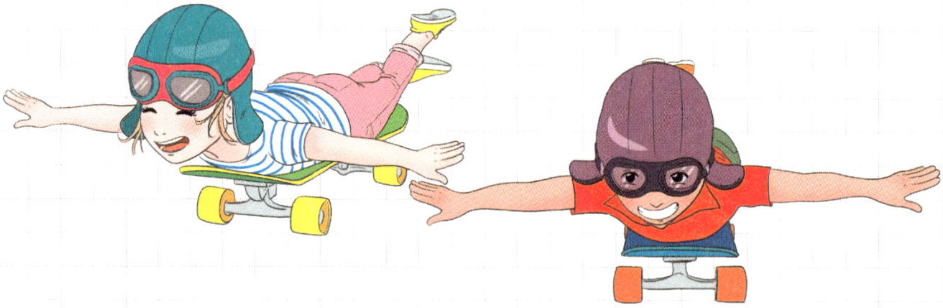

Mes notes perso :

Mes notes perso :

Mes notes perso :

Mes notes perso :

Carnet d'adresses

Le site de l'auteure

- Christine Klein, sophrologue, formatrice, conférencière, animatrice d'ateliers de parents www.christineklein-sophrologie.com

Motricité Libre

- Association Pikler Loczy : http://pikler.fr
- Les pros de la petite enfance : https://lesprosdelapetiteenfance.fr/eveil-activites/jouer-pour-grandir/leveil-des-petits-passe-par-la-motricite/la-motricite-libre-quest-ce-que-cest

Diversification menée par l'enfant (DME)

- Bougribouillons : https://bougribouillons.fr/dme-diversification-menee-par-lenfant
- Bébé mange seul : https://bebemangeseul.com

Bébé signe

- Signe avec moi : http://www.signeavecmoi.com
- Bébé signe : http://bebe-signe.com

Hygiène naturelle infantile

- Heureux sans couche – Blog https://heureux-sans-couches.com

Apprentissages

- Sandrine Donzel : www.blog.scommc.fr
- Brain Gym© : www.braingym.fr

Sources diverses

- Apprendre à éduquer : http://apprendreaeduquer.fr

Des mandalas à dessiner

- Pour tous les âges et tous les niveaux : https://www.mandalas-gratuits.net

Matériel

Marchepied

- https://www.ikea.com/fr/fr/catalog/categories/departments/ikea_kitchens/20611

Time timer

- https://www.hoptoys.fr/partenaires-hoptoys-19_time-timer

Tour d'apprentissages

- De nombreux modèles pour tous les goûts à acheter : https://www.etsy.com/fr/market/tour_d%E2%80%99apprentissage
- Des modèles à fabriquer (tuto vidéo) : https://vissermalin.com/tour-dapprentissage

Bibliographie

- Dr Catherine Gueguen, *Pour une enfance heureuse*, Robert Laffont, 2014.
- Thomas Gordon, *Parents efficaces au quotidien*, Marabout.
- Adele Faber et Elaine Mazlish, *Parler pour que les enfants écoutent, écouter pour que les enfants parlent*, Le Phare.
- Adèle Faber et Elaine Mazlish, *Jalousies et rivalités entre frères et sœurs*, Le Phare.
- Isabelle Filliozat, *Au cœur des émotions de l'enfant*, Marabout.
- Isabelle Filliozat, *J'ai tout essayé*, Marabout.
- Isabelle Filliozat, *Il me cherche*, Marabout.
- Isabelle Filliozat, *Que se passe-t-il en moi ?* Marabout.
- Dr Daniel Siegel et Tina Payne Bryson, *le Cerveau de votre enfant*, Les Arènes.
- Jesper Juul, *Regarde… ton enfant est compétent*, Chroniques Sociales.
- Jean-Jacques Crèvecœur, *les Enfants de l'autonomie*, Jouvence.
- Nathanaëlle Bouhier-Charles, *Signe avec moi*, Monica Companys.
- Stéphanie Bujo et Laurence Einfalt, *J'aide mon enfant à s'organiser*, Eyrolles.
- Collectif, *l'Attachement, de la dépendance à l'autonomie*, Érès.
- Jean-Philippe Lachaux, *les Petites Bulles de l'attention*, Odile Jacob.
- Jan Faull, *C'est moi qui décide ; ou comment sortir des rapports de force avec les enfants de 2 à 10 ans*, JC Lattès.
- Emmanuelle Piquet, *Ne te laisse pas faire ; aider son enfant face au harcèlement à l'école*, Payot.
- Dr Daniel Siegel, *le Cerveau de votre enfant*, Les Arènes.
- Eline Snel, *Calme et attentif comme une grenouille*, Les Arènes.
- Paul et Gail Dennison, *le Mouvement, clé de l'apprentissage*, Le Souffle d'Or.

Remerciements

À Loïc et Lily, mes deux amours, qui me donnent des ailes.
À mes amis et professionnels, Stéphanie Ricci, Sandrine Donzel et Patrice Iacovella, dont le travail et les échanges m'ont inspirée pour cet ouvrage.
À tous les enfants qui, courageusement, continuent coûte que coûte à cheminer vers plus d'autonomie. À leurs parents, qui les accompagnent dans ce chemin du mieux qu'ils le peuvent !

MON P'TIT CAHIER
ÉMOTIONS
SOLAR

MON P'TIT CAHIER
MONTESSORI
SOLAR

MON P'TIT CAHIER
ÉDUCATION POSITIVE
SOLAR

MON P'TIT CAHIER
YOGA
SOLAR

MON P'TIT CAHIER
MÉDITATION
SOLAR

MON P'TIT CAHIER
CONFIANCE EN SOI
SOLAR

MON P'TIT CAHIER
MASSAGE
POUR MON BÉBÉ
SOLAR

MON P'TIT CAHIER
MA GROSSESSE
AU NATUREL
SOLAR

MON P'TIT CAHIER
NOUVEAU PAPA
SOLAR

MON P'TIT CAHIER
LA 1RE ANNÉE
DE MON BÉBÉ
SOLAR

MON P'TIT CAHIER
CONCENTRATION
SOLAR

MON P'TIT CAHIER
EN PLEINE FORME
SOLAR

MON P'TIT CAHIER
COLÈRE
SOLAR

MON P'TIT CAHIER
ARRIVÉE DU 2E
SOLAR

Direction : Jean-Louis Hocq
Direction éditoriale : Suyapa Hammje
Direction de collection : Juliette Collonge
Édition : Marion Guillemet
Conception et mise en couleur de la couverture : Stéphanie Brepson
Mise en pages : Nord Compo
Fabrication : Céline Premel-Cabic

ISBN : 978-2-263-15839-1
Code éditeur : S15839
Dépôt légal : février 2019
Imprimé en France par Champagne

HarmonieSolar

harmonie_solar

Solar, un département d'**Edi8**